MANUEL ENRIQUE PÉREZ DÍAZ

El señor de la guitarra

Alejandro Bruzual

Doctor en Literaturas Latinoamericanas de la Universidad de Pittsburgh, Pensilvania, Licenciado en Letras de la Universidad Central de Venezuela, y Profesor Ejecutante de Guitarra Clásica en la Escuela de Música Pablo Castellanos.

En el campo literario, se ha dedicado particularmente a las vanguardias históricas latinoamericanas, con especial atención al estudio y edición de la obra de Enrique Bernardo Núñez, habiendo publicado ya diez de sus obras, entre ellas varias ediciones críticas y dos traducciones. Su libro de ensayos *Aires de tempestad, narrativas contaminadas en Latinoamérica,* en 2013, recibió el Premio Municipal de Literatura de Caracas, mención investigación literaria. Ese mismo premio, en mención poesía, lo recibió en 2011, con *Aldebarán y otros poemas.* Tiene nueve poemarios publicados en seis libros. Además, editó *Utopías en movimiento. Discursos de los ganadores del Premio Internacional de Novela Rómulo Gallegos* y el epistolario de Cruz Salmerón Acosta a Conchita Bruzual Serra. Ha sido profesor de la Escuela de Letras y de la Escuela de Artes de la Universidad Central de Venezuela. Es investigador de planta del Centro de Estudios Latinoamericanos Rómulo Gallegos, en temas culturales y literarios, desde 2009.

Ha publicado, extensamente, en el ámbito de los estudios musicográficos. Entre otros libros, cuenta con las biografías de Antonio Lauro, Rodrigo Riera, Alirio Díaz (traducida al italiano por Angelo Gilardino), Raúl Borges, Manuel E. Pérez Díaz, Fredy Reyna e Inocente Carreño; una historia de la guitarra de concierto (aparecida primero en versión concisa en inglés en Canadá) y ensayos sobre la guitarra popular en el país. Estos trabajos han obtenido en cinco oportunidades el Premio Municipal de Música de Caracas. Dirigió la Colección de Compositores Venezolanos para Guitarra, de la Fundación Vicente Emilio Sojo, de Caracas, que incluyó más de 200 obras. Dirige la Colección de Musicología Latinoamericana Francisco Curt Lange, del Celarg. Es miembro fundador y ha sido presidente de la Sociedad Venezolana de Musicología.

Alejandro Bruzual

MANUEL ENRIQUE PÉREZ DÍAZ

EL SEÑOR DE LA GUITARRA

ENSAYO BIOGRÁFICO

La Castalia

MANUEL ENRIQUE PÉREZ DÍAZ

El señor de la guitarra

2da edición, La Castalia–Digital, 2024
Colección Guitarras de Venezuela Nº 7

De esta edición

Fotografía de portada
Panamá, 1944. Autor desconocido

Foto de autor

Logo de la colección

Corrección
Carlos Ortiz Bruzual

Colección al cuidado de
José Gregorio Vásquez C.

Edición digital e impresa
Mérida, Venezuela, 2024

Hecho el Depósito de Ley
Depósito Legal impreso: ME2024000481
ISBN: 978-980-444-028-1

Ediciones La Castalia
Centro Editorial La Castalia
Mérida, Venezuela
www.lacastalia.com.ve
lacastalia@gmail.com

La Castalia
Colección Guitarras de Venezuela

Y es la sinceridad lo que importa...
Creo que es difícil ser enteramente
sincero en la vida, y en el arte.
Ya pensaba que la sinceridad, como
ciertas plantas, sólo prospera a la sombra...

M. E. Pérez Díaz

... y si lo llamáramos:
"El señor de la guitarra"...
¡qué bien sería!

Ciro Adarme

La figura de Manuel Enrique Pérez Díaz tiene una profunda significación para la historia de la guitarra en Venezuela. Primero, desarrolló su labor artística en el país como músico popular y, luego, como guitarrista académico. Compuso obras basadas en géneros nacionales y todo su catálogo estuvo dedicado al instrumento. Fue el centro de un devenir que se hace presente, cuando heredó la cátedra de Borges en el histórico conservatorio nacional que, en términos más que simbólicos, dejó en manos de su discípulo Leopoldo Igarza, para, entre los tres, recorrer noventa años de enseñanza de la guitarra de concierto. Sus discípulos y los discípulos de sus discípulos copan el espacio profesional todavía en la actualidad. En fin y como se verá en este ensayo biográfico, si mucho en su vida quedó insatisfecho, en cambio se realizó en la docencia.

Volver a estas páginas como autor, a más de dos décadas de escritas, es también reencontrar una manera de ser que ejemplifica un comportamiento peculiar venezolano, que reaparece con cierta recurrencia entre nuestros guitarristas, como potencialidades detenidas en el tiempo. De allí, la necesidad de reflexionar sobre su dinámica vital y creativa, la manera como asumía sus decisiones, su relación consigo mismo, así como la de valorar su ética como docente, ya que fue la piedra angular de una escuela que tiene rasgos propios, y que ha producido personajes trascendentes para la guitarra mundial. Y todo esto, además, da luces para entender las obras de los demás miembros de su generación en un marco especular, muy marcado por un tiempo que él mismo ayuda a definir, y que anuncia lo todavía por venir.

Como en los otros volúmenes de esta colección sobre temas de la guitarra en Venezuela, que significativamente incluye ya la biografía de su propio maestro e incluirá la de su principal discípulo, partimos del mismo texto original, para remozarlo como segunda edición. De este modo, se trata la primera versión como un borrador avanzado, asumiendo un sano derecho de autor sobre sus escritos. Si bien se mantienen a grandes rasgos las decisiones iniciales, en particular en términos formales, se corrigen aspectos superficiales, se revisa el estilo y, en particular, se replantean los tiempos verbales, cuando ya muchos de los entrevistados de entonces han fallecido. Pero no volvemos a los archivos, no hacemos nuevas entrevistas, no reconsideramos el análisis de sus obras musicales. Nos quedamos en la emoción y en los conceptos originales, que han sido puestos a prueba en los trabajos que se editaron más tarde, de hecho proveedores de nueva información para el conjunto, lo que también resulta inevitable.

A los agradecimientos entonces ofrecidos, que ahora se reafirman, sumamos otro al poeta José Gregorio Vásquez, director de La Castalia, por tanta iniciativa, esfuerzo editorial, diseño y la producción de todos estos libros.

Cuando tengo que hablar de Manuel Enrique Pérez Díaz no me viene a la memoria otra cosa que no sea la palabra "guitarra". Ella nos unió en una larga y fraternal amistad, que comenzó con lo que para aquella época era el único vehículo que nos permitía demostrar nuestras juveniles inquietudes artísticas: las serenatas. Éstas se sucedían con gran frecuencia en una Caracas tranquila y silenciosa, cuyas frescas noches se alegraban con un puñado de modestas luces, que nunca pretendían empañar un cielo limpio y siempre luminoso; una Caracas llena de gente culta y generosa que bien sabía escuchar con callada benevolencia nuestras muy modestas canciones, extendiendo muchas veces su cordial cortesía con la fineza de un sabroso ponche-crema o la dulce y clásica mistelita casera.

Para esa fecha trabajaba yo en la Broadcasting Caracas, y en una de las frecuentes visitas que Manuel Enrique hacía a esa emisora le hice conocer a mis inolvidables amigos Antonio Lauro y Marco Tulio Maristany, cuya presentación sirvió para sembrar una indisoluble y fraternal amistad, que, unidas a nuestros conocimientos de la guitarra, sirvió para que de ella naciera el cuarteto Cantores del Trópico (no quiero extenderme en estas vivencias que están largamente tratadas en este magnífico ensayo de Alejandro Bruzual).

Compartí con Manuel Enrique su larga amargura en los días en que sus mayores resolvieron mandarlo a la universidad de Mérida, para que allí continuara sus estudios de medicina, pensando, y no con poca razón, que lo alejarían del ambiente farandulero capitalino. Pero no fue así, Manuel Enrique no soportó nunca aquel exilio forzoso que inclementemente lo alejaba de su verdadera vocación, regresando a Caracas para dedicarse por entero al estudio de la guitarra.

Ya había logrado el maestro Vicente Emilio Sojo, con no pocas dificultades, que el Ministerio de Educación incluyera la cátedra de Guitarra Clásica en la, para aquel entonces, Academia de Música y Declamación, completando el maestro Sojo su invalorable iniciativa nombrando como profesor de dicha cátedra al maestro Raúl Borges, quien bien conocía los secretos de la guitarra y cuya sabiduría supo trasmitir con paciente generosidad a sus discípulos, entre los que se encontraban: Alirio Díaz, Antonio Lauro, Flaminia Montenegro, Rodrigo Riera y Manuel Enrique Pérez Díaz, entre otros.

A estos iniciados les debe nuestro país el mayor reconocimiento, ya que fueron ellos los que llevaron a muchos países de Europa y Latinoamérica sus buenos conocimientos, sembrando y enalteciendo el nombre de la escuela guitarrística venezolana.

Quiero expresar al profesor Alejandro Bruzual mi más sincero agradecimiento por haberme honrado con la presentación de este magnífico ensayo; trabajo hecho con el mayor acierto, basado en una rigurosa e impecable investigación, la cual considero como invalorable documento, en el que se exalta y estudia con detallada y profunda nobleza la vida y obra de mi querido amigo Manuel Enrique Pérez Díaz, para quien la guitarra fuera norte y razón de su existencia y a la cual se dedicara con singular vehemencia hasta el fin de sus días.

Caracas, 2000

Alejandro Bruzual

Agradecemos, y que esto se entienda además como dedicatoria, a doña Amalia Pérez Díaz, viuda del maestro, y a su hija Amalyn, quienes pusieron a nuestra disposición los archivos, colecciones de discos, iconografía, biblioteca y todo lo que pudiera servir para la elaboración de este trabajo, así como también autorizaron el uso de los ejemplos musicales. Por otra parte, a José Antonio Pérez Díaz, hermano del guitarrista, por la ayuda en la recopilación de la información familiar. Al maestro Eduardo Serrano, por el privilegio de contar con sus palabras preliminares y su amistad. A Beatriz Mirás, el poeta Dionisio Aymará, el escritor Omar Filomeno y el maestro Arturo González, por las pacientes lecturas del borrador y sus sugerencias. A Leonardo Lozano, por su colaboración en la primera edición de este ensayo. A los profesores Julio Sánchez y Carlos García, por la revisión de los análisis musicales. A los fotógrafos Alfredo Allais, Felipe X. Bello y Mariano Fernández, por el procesamiento del material iconográfico. Al poeta Elmer Szabó por la información y las grabaciones que nos facilitó. A los entrevistados que aparecen en el apartado "Fuentes", al final del ensayo. Al personal del Archivo Audiovisual de la Biblioteca Nacional, por su colaboración constante. Al maestro Leopoldo Igarza, a través de quien nos sentimos herederos de las enseñanzas de Manuel Enrique Pérez Díaz. A Juan Silva B., por su consecuente mecenazgo y a mis hermanas, por la paciencia colaboradora. En fin, a Laura Alejandra, por su carga de futuro, que es el tiempo todo.

Manuel Enrique Pérez Díaz perteneció a la segunda generación de guitarristas venezolanos, cuyos miembros fueron todos discípulos de Raúl Borges. Ellos consolidaron la escuela nacional, que alcanzó universalidad en la obra del compositor Antonio Lauro y en la labor de intérprete de Alirio Díaz. No obstante, la permanencia histórica de la actividad pedagógica del instrumento en el país se sostuvo gracias al esfuerzo de Pérez Díaz, quien heredó la cátedra de su maestro en el conservatorio nacional, el que, con nombres cambiantes y destino siempre incierto, ha sido conocido como la Escuela de Santa Capilla, por estar ubicada al lado de dicho templo, en pleno centro de Caracas.

Su trabajo docente fue consecuencia natural de lo que hasta entonces había sido su vida como artista. El oficio profesional le otorgó plenitud a su destino, concentrando la experiencia acumulada en el ámbito popular y en la guitarra de concierto para entregarla con inusitada pasión a sus discípulos. Si bien su destino como maestro está lleno de olvidos voluntarios o inconscientes, también cosechó amistades profundas, respeto y trascendencia en las obras de quienes siguieron su palabra y su consejo.

Algo que llama la atención cuando se contempla su vida desde la perspectiva de los hechos cumplidos, es que las etapas en las cuales puede dividirse su carrera artística, las variadas actividades que desarrolló a lo largo de cinco décadas de trabajo, parecieran estar concatenadas y cada una de ellas plenamente delimitada, como si pudieran definirse desde afuera del natural existir, lo que facilitó la escritura y estructuración formal de este ensayo. Quizás esta claridad externa y esta coherencia interior se debieran a que sus actos y decisiones fueron producto de una firmeza de carácter sin doblez, y de un estricto sentido de responsabilidad. Y esto lo entendió de tal modo que asumió con excesiva dureza su propia vida, como si se tratara de la de otro ser que debía ser conducido, entendiendo esto como un acto de sinceridad –como expresa en el epígrafe utilizado en este libro–, imponiéndose límites que condicionaron sus propias posibilidades de desarrollo y significaron un injusto peso sobre su propio talento.

Fue un ser de particular complejidad sicológica, que incursionó con naturalidad, como muchos músicos de su época, por los caminos de la música popular tradicional, experiencia determinante a la hora de asumir la composición para su instrumento. Dio modestos conciertos que tuvieron buena acogida de la crítica nacional, seria y perspicaz, pero todavía incipiente. Incursionó en los medios audiovisuales y demostró dotes de investigador, escritor y poeta. Sin embargo, su mayor empeño fue la docencia de la guitarra. Así, su personalidad, su posición moral y su integridad humana marcaron sus enseñanzas y a sus discípulos.

Al igual que en los otros ensayos biográficos incluidos en esta serie, se ha decidido optar por un narrador omnisciente y no representado, que radicaliza el sentido de veracidad de lo expuesto, sin tentarnos la biografía novelada, pero sí el empleo de recursos de lenguaje. La metodología utilizada –propias de la musicología histórica– y las citas directas de las fuentes de información buscan favorecer una pretendida y "siempre deseada" objetividad, o al menos la voluntad de que el lector lo perciba de este modo. Sin embargo, hay que recalcar que una biografía, como hecho literario, es una vida transformada en palabras, las que se articulan bajo la aspiración de una verosimilitud que le dé sentido y coherencia. No obstante, por más riguroso que sea el manejo de los materiales, el ensayo biográfico también está condicionado por la escritura, es producto de la escritura.

Los testimonios orales recogidos de diversas entrevistas, utilizados a lo largo de esta investigación tienen una importancia significativa para su resultado. Primero, por la autoridad de algunos de los consultados, cuyas opiniones sirven para valorar el hecho creador en sí. Segundo, porque una vida debe ser interpretada, por necesidad de su construcción en un colectivo, desde una visión plural y puntos de vista distintos, aunque no sean siempre coincidentes. Y, finalmente, porque a través de los entrevistados, provenientes del entorno privado y profesional del protagonista, se puede establecer una relación directa con él, lo que le confiere humanidad y densidad, y hace más comprensible al personaje, tanto para el autor como para los lectores.

La primera versión de este libro fue realizada en Caracas entre 1995 y 1996, una vez concluidos trabajos equivalentes sobre Antonio Lauro y Raúl Borges. Desde entonces, se incorporaron nuevos datos y reflexiones, producto de otras biografías y nuevas investigaciones sobre el tema de la guitarra en Venezuela. Su revisión para la edición de 2001, le dio su perfil definitivo, aunque se intentó mantener la emoción primera.

Quizás, al concluir, el lector pueda llegar también al convencimiento de que una idea ética de la labor estética fue el hilo conductor y secreto de la vida Manuel Enrique Pérez Díaz, y descubra que él mismo nos ha acompañado en la labor de historiar el instrumento en el país, lo que comenzó de su propia escritura. Ante un personaje así, característico de una Venezuela que ya no existe y que parece ya no existirá más, un nuevo esfuerzo del biógrafo queda más que recompensado.

A mi querido amigo, señor Don M. Revenga

Recuerdo de su admirador y amigo

S Díaz Peña

Manuel Enrique Pérez Díaz fue el primogénito de una familia de clase media de provincia, de modestos recursos económicos. Nació el 16 de julio de 1911, en Puerto Cabello, donde su padre, Manuel Leopoldo Pérez Castro, trabajaba como telegrafista. Si bien recibió herencia musical por ambos padres, la más presente parece haber sido la de su madre, Alicia Mercedes Díaz, quien era hija del pianista, docente, compositor y director de orquesta Sebastián Díaz Peña (Puerto Cabello, 1844-Maracay, 1926). Este músico, de relevante presencia desde finales de siglo XIX, estuvo vinculado al gobierno de Cipriano Castro, quien estuvo en el poder entre 1899 y 1908. En su catálogo como compositor destacan numerosos valses –algunos dedicados al presidente y a su gesta militar– y joropos, en particular su *Maricela* para piano, de particular presencia en el repertorio popular venezolano. Además, fue el autor del himno del estado Carabobo, en 1908. Según Alirio Díaz:

> [...] fue de los pocos músicos que vivieron plenamente aquel importante período de nuestra historia musical, siendo también testigo del desmantelamiento artístico ocurrido después como

> consecuencia de las largas dictaduras, principalmente la de Gómez, puesto que todavía durante la de Cipriano Castro, a quien Díaz Peña fue fiel aun en largo exilio, hubo algún interés hacia las artes. Le tocó, pues, asistir al alba y al ocaso de aquel estupendo movimiento musical.[1]

Al comentar la *Maricela*, el concertista internacional en labor de investigador musical agregó: "Díaz Peña, a diferencia de otros compositores contemporáneos que se ocupaban en fantasear sobre temas o arias de ópera, es el primer músico nuestro que intenta concebir una fantasía inspirada en genuinos ritmos populares nacionales".[2] Si bien no es posible determinar que fuera "el primero", sin dudas fue uno de los primeros y, sobre todo, sus obras fueron de las más conocidas de todo el período.

Dadas las tribulaciones políticas de la época, el niño que fue Manuel Enrique tuvo muy poco contacto con su abuelo materno, ya que luego de derrocado Castro del poder, por su compadre Juan Vicente Gómez, traidor y lugarteniente –ambos andinos tachirenses–, abandonó el país durante muchos años.

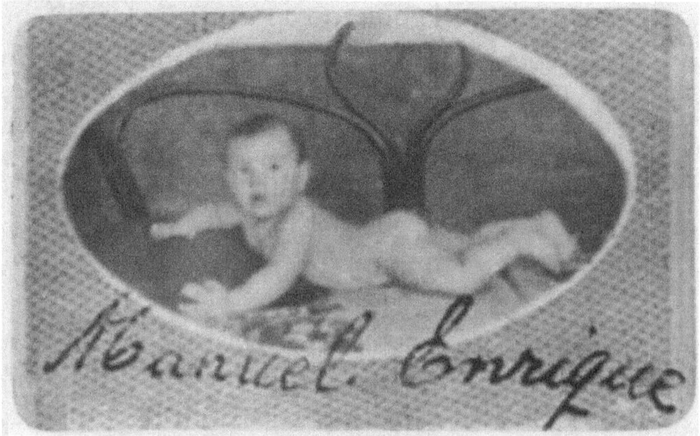

DIOCESIS DE CARACAS
PARROQUIA
DE
SAN JOSE DE MARACAY
DESPACHO PARROQUIAL

TESTIMONIO DE NACIMIENTO Y BAUTISMO

El suscrito, Párroco de San José de Maracay. hace constar que al folio 60 del Libro 37 respectivo, se encuentra la partida de Bautismo de Manuel Enrique Pérez. que nació el 16 de julio en 1911. h. l. de Manuel Leopoldo Perez y Alicia Mercedes Díaz bautizado el 31 de enero de 1912. por el Sacerdote Pbro. V. López Aveledo. siendo sus padrinos Pedro José Rodríguez y María Pérez C.

Maracay: 19 de mayo de 1949.

El Párroco,
Pbro. Dr. Hilario Cabrera

Por parte de padre, la música lo vinculaba también a su otro abuelo, como se desprende de una temprana entrevista periodística, en la cual destacó la sinceridad como aspecto vinculado a la música, lo que sin duda encontró eco en el nieto en trance de crecimiento:

> Mi abuelo paterno además de registrador y sastre, tocaba el contrabajo y el chelo bastante bien, y hasta ejecutaba con un sentido virtuoso distinguido. Lo que había en él, sin duda, era sinceridad. Y es la sinceridad lo que importa... Creo que

es difícil ser enteramente sincero en la vida y en el arte. Ya pensaba que la sinceridad, como ciertas plantas, sólo prospera a la sombra...[3]

El mismo padre, Manuel Leopoldo, mostró un talento musical que influyó en la formación de la personalidad y del carácter del futuro guitarrista. Oriundo de Maracay, murió en Caracas, en 1970. En una vieja foto, aparece como parte de una de las innumerables bandas que entonces existían en toda Venezuela, tocando un instrumento de cobre.* Era un personaje austero y tranquilo. Amalia Pérez Díaz, esposa de Manuel Enrique, precisaba: "Fue lo que uno puede considerar un patriarca. Una persona admirable. Formó a sus hijos de manera muy vinculada a la Iglesia [...], y era muy estricto en el sentido moral".[4]

Un aspecto curioso de su personalidad era que lograba comunicarse mejor con sus hijos a través de la escritura que de manera oral y directa –a decir de José Antonio Pérez Díaz, el hijo menor– condicionado por su ejercicio como telegrafista. Parte de esto fue heredado por Manuel Enrique, quien siempre demostró facilidad de palabra, y quien daba a la escritura una importancia y un sentido de permanencia poco común en un músico.

* Una de las consecuencias primeras del desarrollo del movimiento de las orquestas juveniles de Venezuela, posteriormente conocido como El Sistema, a partir de 1975, fue la definitiva desaparición de las bandas en el país, y de todo lo que ellas significaban como proceso educativo y articulador de la música nacional. Sin embargo, no podrá menospreciarse, en el balance histórico del siglo xx, los vínculos iniciales con las bandas de personajes fundamentales de la historia musical venezolana, como los compositores nacionalistas Inocente Carreño, Antonio Estévez, el intérprete Alirio Díaz y hasta del padre homónimo de Antonio Lauro.

Su padre, Manuel Leopoldo Pérez Castro.

En 1912, el padre fue trasladado a Los Teques. Allí nacieron los otros hijos –Manuel Leopoldo, Manuel Antonio, Isabel Teresa, José Antonio y Alicia Matilde–, y transcurriría la infancia y adolescencia de Manuel Enrique, quien cursó bachillerato en el Liceo San José, institución célebre por la disciplina y la rigurosidad de su enseñanza.

En la misma entrevista periodística arriba citada –la única en la que hizo referencia a aspectos de su infancia–, el guitarrista afirmó:

Yo me recuerdo en Los Teques a los nueve años –empieza a contar– y me recuerdo con mis seis [cinco (N. del A.)] hermanos, sobre todo con una hermana, Alicia Matilde, que se pasaba el tiempo tocando el piano [...]. Antes de lanzarme a esta vida que llevo ahora, me asustaba pensar que mi nombre pudiese aparecer en los diarios, o si tenía que asistir a una fiesta, pues me gustaba pasar desapercibido, obscurecido. Fui internado en el Liceo San José, del que salí bachiller. Al director del liceo, doctor Jesús Arocha, le llamábamos "el Tigre", porque era un hombre inflexible, rígido, terminante. Pero yo conservo un grato recuerdo suyo, pese a que me castigó más de una vez con dureza...[5]

En estas palabras puede sopesarse lo que significó este liceo en su formación. Su discípulo Ricardo (Fernández) Iznaola lo explica desde una perspectiva sicológica:

> La personalidad de Pérez Díaz –en las categorías de Jung– era la del introspectivo, introvertido, el ser interior que busca su realización dentro, más bien que fuera de sí. Hasta la manera en que se encubría es típica de los introvertidos: la apariencia de autoridad, de presencia y de personalidad. Es la manera de cubrir la búsqueda de la interioridad, pero a la vez defendiéndola del ataque del medio ambiente, con esa "persona" –en el sentido jungiano–, que creamos para que dé la cara al mundo. Es el dragón que guarda la cueva donde está el tesoro sagrado. Pérez Díaz fue eso, un interiorista que busca dentro de sí, y que en realidad está incapacitado de manejar el mundo, a no ser a través de esfuerzos heroicos.[6]

Se graduó de bachiller hacia 1928, con excelentes notas, y se propuso estudiar medicina, para lo cual mostraba vocación. Ese año tuvo lugar la histórica revuelta de los estudiantes universitarios en Caracas –quienes luego fueron conocidos como Generación de 1928–, que dio inicio a la última etapa de la larga dictadura de Juan Vicente Gómez, definiendo nuevas formas de oposición política, más por la acción del intelecto y la organización, que por la fuerza de las armas. Para evitar que Manuel Enrique se involucrara en los acontecimientos que ya se avizoraban, su padre lo envió a estudiar a Mérida, cuya universidad tenía prestigio nacional. Gómez, por entonces, le otorgaba privilegios y la favorecía –como a todo lo andino– en detrimento de la Universidad Central de Venezuela, "hasta tal punto –afirmaba su exrector Rafael Pizani–, que la Universidad de Los Andes le debe a Gómez su revivir en el siglo xx, con la apertura que le dio por los años 29 y 30".[7]

Junto con su madre, Alicia Mercedes Díaz. Los Teques, julio de 1926.

Así, a pesar suyo, el joven se separó de sus padres, si bien no había tenido mucho contacto con su madre, pues desde joven sufría una grave afección pulmonar que la mantuvo aislada y alejada de sus hijos, muriendo en Los Teques, el 19 octubre de 1929.

Fotografía Mirabal

Mérida, a donde lo enviaban para que se alejara de la política, por la cual nunca Manuel Enrique Pérez Díaz expresó mayor interés –a diferencia de su hermano José Antonio–, más bien se convirtió en el lugar de encuentro con su destino: la música. Él mismo describió su iniciación en el instrumento, y las circunstancias que rodearon su decisión de ser guitarrista:

> La primera vez que cogí una guitarra fue en Mérida, en la "piecita" de estudiante del doctor Rafael Pizani. El doctor Pizani tocaba el tiple muy bien. Yo traté de sacar en la guitarra acordes semejantes a los que él obtenía en el tiple. No pensaba en nada serio, naturalmente. Intenté sacar acordes a la guitarra lo mismo que hubiese intentado sacárselos a un trombón. Pero vine a Caracas, coincidiendo mi viaje con un concierto de Mangoré, en su segunda *tournée* a Venezuela. Le oí emocionado, con apasionamiento [...]. Se anunciaron las clases de guitarra por el profesor Raúl Borges, en el Conservatorio o Escuela Nacional de Música, y me inscribí en ellas. Excuso decirle el entusiasmo con que aprendía. Calcule usted que cuando llegó la fecha de los exámenes de medicina, abandoné la carrera. Le ocasioné a mi padre un disgusto con el que no contaba. Como en Mérida no había Escuela de Música, me instó a continuar allí la carre-

> ra. Volví, pues, a Mérida. Seguía los estudios honradamente, aunque con indudable desgano. En esto cayó en Mérida el cantante mejicano Ortiz Tirado, doctor en medicina y cirugía. Enseguida se formó una estudiantina de guitarras, bandurrias y otros instrumentos de cuerda, incluyéndoseme en la rondalla. La estudiantina se pasaba las noches dando serenatas por las calles a las muchachas más bonitas de Mérida, y como en Mérida hay infinidad de jóvenes bellísimas, la estudiantina no cesaba de tocar y cantar [...]. De día estudiaba guitarra –sigue contando– y de noche andaba de parranda, dando serenatas. Los libros de texto dormían. Así que, en la guitarra adelantaba bastante, pero en medicina, sabía cada vez menos.[8]

En efecto, Pizani recordaba aquel momento en su cuarto de estudiante cuando Manuel Enrique lo oyó tocando unas piezas, que había aprendido de su madre en un guitarro o tiple, como se conoce este instrumento utilizado en Colombia y Venezuela. De inmediato, quiso aprendérselas, y lo que para cualquier otro hubiera sido un hecho intrascendente, para Manuel Enrique se convirtió en una revelación profunda. Pizani lo recordaba como "un muchacho de gran sensibilidad, delgado, rubio, muy buen amigo, dispuesto siempre a serle útil a sus compañeros".[9] No obstante, se deben ordenar cronológicamente sus memorias. El encuentro con Pizani, germen de su futuro musical, ocurrió alrededor de 1929. Más tarde, hacia 1931, se trasladó con su familia a Caracas, pues su padre Manuel Leopoldo había sido nombrado gerente de la Compañía Naviera Venezolana, cargo que abandonó a la muerte de Gómez (diciembre de 1935) para dedicarse a la floristería y a otros negocios. A partir de entonces, Manuel Enrique continuó sus estudios de medicina, hasta la visita del concertista y compositor paraguayo Agustín Barrios Mangoré. Éste estaba comprometido en la larga gira continental que constituyó su vida, reivindicando para la guitarra latinoamericana el rango de instrumento de concierto, y creando un repertorio que recogía géneros y ritmos de todos los países por los que iba pasando.

Como sucedió con muchos otros jóvenes venezolanos que se dedicaron a la guitarra de concierto –Antonio Lauro y Rodrigo Riera, entre ellos–, Barrios Mangoré despertó en él su verdadera vocación. Vale señalar que esto sucedió no en la segunda *tournée* del gran concertista (que fue en 1936), sino en la primera, entre febrero y marzo de 1932. Sin embargo, en un artículo suyo posterior –sobre los primeros años de la escuela venezolana y todavía vivo el maestro paraguayo–, no celebró la emoción inicial que lo había llevado al instrumento, sino el procesamiento posterior del recuerdo (quizás bajo la influencia de su estancia posterior en Argentina),* haciendo énfasis en su crítica a la promoción de aquellos conciertos iniciales, con palabras en exceso duras:

* Es difícil que Pérez Díaz, quien también fue discípulo de María Luisa Anido a mediados de los años cuarenta, como se verá más adelante, no haya estado al tanto de la crítica que el padre de ésta, Juan Carlos Anido, había publicado en su propia revista, en ocasión del único concierto (de los tres pautados) que ofreció Barrios en el salón La Argentina, de Buenos Aires, en 1923. Ciertamente, esa percepción se mantenía todavía en el medio argentino del entorno "tarregueano" a la llegada del venezolano. Hoy en día, no tendría sentido remarcar las inconmensurables diferencias entre ambos personajes, pero el escrito queda como documento de la mayor y más cruel incomprensión sufrida por el paraguayo en todo el continente. Con sorprendente mezquindad, Anido dictaminó: "El señor Barrios, que se presenta a la vez como ejecutante, compositor y folklorista, no es, en realidad, un verdadero exponente de ninguno de los tres aspectos aludidos". Además, entre otras cosas, rechazó el uso de las cuerdas de acero y, de sus obras, dice dudar que "lleguen a formar parte del buen repertorio guitarrístico. Carecen de valor musical y hasta de originalidad". *La Guitarra* 2 (diciembre de 1923): 27.

Agustín Barrios Mangoré. Catálogo Casa Núñez, Argentina, 1931.

> Éxito de taquilla, artístico y de *reclame*. [...] De allí el éxito tan marcado de Mangoré: fue recibido como la revelación de algo que no se conocía... algo raro que había que ver y aplaudir por su novedad. Indudablemente que el gran paraguayo tiene reales méritos, pero en su primera visita pecamos de exagerados. La propaganda que se le hizo, a base de plumas y guayucos, leones embelesados y otras tantas incongruencias nos parece ahora ridícula y traída por los cabellos con el exclusivo objeto de provocar sensacionalismo. En la propaganda de un verdadero artista, destinado a producir las más puras emociones estéticas, toda esta falta de seriedad es un delito de leso arte. Se necesita seriedad en todo, comenzando por el programa.[10]

Sin embargo, su presencia en Venezuela favoreció la creación de la cátedra de guitarra en manos de Raúl Borges, quien reconoció su influencia y transmitió a sus discípulos su admiración y agradecimiento, convirtiendo el movimiento venezolano en un producto indirecto del paso del notable artista paraguayo por el país. Borges nació en Caracas, en 1882, en una familia de larga procedencia venezolana y vínculos artísticos. Se formó de manera autodidacta desde muy temprano como ejecutantes de diversos instrumentos, pero fue la guitarra su oficio definitivo. Ocupó el papel central y articulador de una primera generación de guitarristas académicos venezolanos, que contaba con muy pocos miembros y que tenía fuertes vínculos con el ejercicio popular. Comenzó a enseñar la guitarra de concierto, de manera privada, hacia finales de la primera década del siglo xx. Desde finales de la segunda década, compartió inquietudes pedagógicas y culturales con toda la generación de la renovación musical, que se congregaba alrededor de Vicente Emilio Sojo. Además, fue el primer compositor venezolano con un catálogo para la guitarra de concierto. La llegada de Barrios Mangoré significó el más claro respaldo a su obra, provocando la reconsideración general de su trabajo. El paraguayo lo invitó a participar en sus conciertos –a dúo, trío y hasta en quinteto–, y ejecutó en público al menos una de sus composiciones, *Fuente morisca*.

El extraordinario éxito del visitante, en treinta conciertos en menos de dos meses en Caracas, permitió que se planteara de inmediato la incorporación del instrumento al ámbito académico institucional. En efecto, el 2 de septiembre del mismo año de 1932, Borges se incorporó como profesor a la Escuela de Música y Declamación, hoy Escuela Superior de Música José Ángel Lamas, como profesor de "Guitarra Grande", con el apoyo del mismo Sojo, quien todavía no era director de la institución (hasta enero de 1936), pero estaba ya en proceso de convertirse en el personaje más influyente en la historia de la música en Venezuela.

Años más tarde, en una carta a la argentina María Luisa Anido, Pérez Díaz recordó sus inicios: "...empecé *muy tarde*, tenía veinte años cuando por *primera vez* intenté ser guitarrista".[11] En efecto, se inscribió en la cátedra de Borges en el primer año efectivo de clases, que comenzó en enero de 1933, y estudió por unos meses, sin llegar a finalizar el curso, debido a la exigencia familiar de que prosiguiera su formación en Medicina –al parecer ya en el cuarto año de los cinco años de carrera–, en la que incluso había obtenido excelentes notas, como le confesó a Leopoldo Igarza años más tarde.[12]

Así, tuvo que regresar a Mérida, pero llevando su guitarra y el método de Dionisio Aguado. De inmediato, formó un conjunto musical en el que participaban el director de la banda del estado Evaristo Olivares, el violinista Víctor Acosta, el doctor Omar Silveira y otros dos profesores de la misma banda, de cuyos nombres no queda recuerdo. Cuando en

El cantante Alfonso Ortiz Tirado, foto dedicada a M. E. Pérez Díaz. Mérida, 1934.

Con amigos estudiantes en Mérida, c. 1934.

efecto llegó el cantante mexicano Alfonso Ortiz Tirado a Mérida –como señaló en la entrevista arriba citada–, hacia mayo de 1934, luego de ofrecer dos conciertos en Caracas, a finales de marzo y principios de abril,* establecieron relaciones –según relataba el mismo Pérez Díaz– a partir de una serenata que le llevó con sus amigos, y que se prolongó toda la noche. El tenor, originario del estado de Sonora, fue uno de los más apreciados cantantes latinoamericanos de su tiempo, llegando a grabar numerosos discos que alcanzaron difusión continental, y frecuente presencia radial hasta en Estados Unidos. José Antonio Pérez Díaz afirmaba que en la familia se dijo siempre que Manuel Enrique había acompañado al cantante en sus conciertos merideños, pero esto no ha podido ser todavía documentado.[13] No obstante, existe una foto del médico y músico dedicada al novel guitarrista, datada en Mérida el 7 de mayo de 1934, con las siguientes palabras: "Con el mayor afecto al simpático estudiante de la Universidad de Mérida en Venezuela, a Manuel Enrique, gran artista y gran amigo, *ff* [afectuosamente]".

Aunque no se pueda precisar más detalles, abandonó para siempre sus estudios de medicina hacia finales de 1934, y se reincorporó a las aulas de Borges al siguiente año escolar. En diciembre de 1935, aparece en las actas de exámenes finales por primera vez, aprobando el tercer año al lado de Antonio Lauro, obteniendo ambos la máxima calificación.† Extrañamente, en las actas de años posteriores no se cuenta Manuel Enrique entre los alumnos. Sin embargo, participó en los conciertos de estudiantes destacados, en particular en

* Al comentar la visita del tenor a Venezuela, Daniel Bendahan (1997) cita sólo sus conciertos en Caracas, sin precisar fechas.

† Todavía entonces, el período escolar seguía el año calendario.

Mérida, c. 1933.

Mérida, c. 1933.

los de 1936 y 1938. Su esposa Amalia afirmaba que había realizado estudios posteriores de armonía y algo de composición con Vicente Emilio Sojo, en la misma institución, lo que tampoco está documentado, ya que pudo bien haberlos cursado como oyente.

Es decir, se puede suponer que la oposición familiar haya sido determinante para que no prosiguiera sus estudios de música de manera regular. Su hermano afirmaba:

> Para él [su padre] fue una decepción, una frustración que no olvidó nunca. Eso le pegó toda la vida. Además, era el hijo mayor. Manuel Enrique ha debido ser el primer profesional de la familia. Seguramente, mi padre hubiese sido el hombre más feliz de la tierra si Manuel Enrique se hubiese graduado de médico, y después hubiera sido músico, guitarrista [...]. Le preocupaba lo poco productivo que era el oficio de músico.

A pesar de ello, la familia terminó aceptando su decisión con resignación y profundo respeto, sin llegar al enfrentamiento o a la ruptura. Esto queda en evidencia en la dedicatoria de una foto de la madre, ya difunta, en Caracas, el 2 de octubre de 1937, en la que el padre le escribe: "A mi querido hijo Manuel Enrique con el deseo de que siga observando buena conducta para que tenga siempre contenta el alma de su buena madre. Que Dios te guíe y te ilumine a enrumbar la vida por el camino que te sea más conveniente. Te bendice tu padre afectísimo".

Más allá de las dificultades que enfrentó para realizar sus estudios musicales, el contacto con Borges fue determinante y siempre estrecho. Pérez Díaz asistía a las clases cada vez que podía, e incluso aparece inscrito en el cuarto nivel en el Libro de Asistencia de la escuela, con fecha de junio-julio de 1938, aunque tampoco en esa oportunidad se presentó

Raúl Borges, fotos de Juan Padrón, a principios de la década de 1960, en Caracas. Cortesía Sucesión J. Padrón.

a exámenes. No obstante, al igual que sus condiscípulos, visitaba también de manera regular la casa del maestro. Allí, precisamente, se encontraría con Barrios Mangoré, en 1936, huésped de Borges en su segunda visita al país y por varios meses. Fue en esa oportunidad cuando le interpretó al maestro extranjero la *Elegía* de Jules Massenet, arreglo que no satisfizo al paraguayo, lo que motivó que años más tarde el mismo Pérez Díaz realizara una versión propia de la pieza. Documentan este encuentro una copia realizada por el guitarrista carabobeño del *Medallón antiguo*, obra original del paraguayo, y de un arreglo de éste para el instrumento del primer movimiento del *Claro de luna* de Beethoven, el 24 de febrero de 1936. Asimismo, el visitante le dedicó una foto, en la cual le escribió su buen augurio: "Para mi nuevo y ya querido amigo, el futuro notable guitarrista venezolano, con franca y afectuosa simpatía, Agustín Barrios Mangoré, 8 de marzo de 1936".* Poco más tarde, se encontraron de nuevo en Maracaibo, en los estudios de la emisora *Ecos del Zulia*, cuando el visitante ofreció un concierto radial en la capital occidental, ya de salida definitiva del país, la que se efectuó el 9 de diciembre de 1936.

Pérez Díaz siempre reconoció la importancia de sus estudios con Borges, y así lo expresó en diversas entrevistas y en los programas de sus conciertos. Sin embargo, la inconstancia con que afrontó su formación académica ha debido crearle conflictos consigo mismo. Dadas la fortaleza de su carácter y ese perfeccionismo que caracterizó su personalidad artística, esta falla en la base de sus conocimientos tuvo efectos sobre

* Esta foto se encuentra desaparecida, sin embargo su discípulo Álvaro Álvarez copió la dedicatoria cuando estaba expuesta en la dirección de la Escuela de Música Lino Gallardo, en Caracas. Testimonio grabado.

su autoestima. Habría que considerar, además, que había sido hasta el momento un estudiante destacado en todo. A partir de entonces, realizó un esfuerzo de aprendizaje por cuenta propia.

Entonces se inició en el medio profesional de la música popular trabajando en emisoras de radio, quizás bajo la guía del compositor y baterista Eduardo Serrano, quien entonces era miembro de la orquesta fija de la Broadcasting Caracas. Sin embargo, la primera presentación individual, que se haya podido documentar hasta ahora, fue realizada el 5 de agosto de 1937, en la estación radial Ondas del Lago, de Maracaibo, interpretando "solos de guitarra"[14]. Más tarde, aparece en emisoras capitalinas y de otras ciudades del interior del país. Resulta curioso el que fuese a través de estas transmisiones como se conocieron Pérez Díaz y José Rafael Cisneros, guitarrista apureño de su misma generación entonces residenciado en Valencia, quien al oír su concierto radial por Ondas del Lago le escribió su alabanza, que sirvió para establecer entre ellos una profunda amistad que se afianzaría cuando Cisneros comenzó estudios con Borges en Caracas, pocos años más tarde.

Sin duda, la decisión de trabajar como músico en vez de seguir estudiando medicina respondía a sus exigencias, más que a una específica necesidad económica, ya que recibía todavía apoyo de su padre. Deseaba demostrar y demostrarse la capacidad de sostenerse con el instrumento, lo que era, al fin y al cabo, la preocupación familiar. Y esto resultaba equivalente a lo que sucedía con Antonio Lauro, durante esos mismos años, quien también intentaba ganarse la vida como músico de emisoras radiales, aspirando una independencia económica que le sirviera para respaldar su decisión vocacional ante los suyos. El trabajo significó, para ambos, la reafirmación de sus personalidades y de sus caminos biográficos, y fue la asunción de una adultez apenas iniciada.

—elite de ayer

La actividad de Manuel Enrique Pérez Díaz en la Broadcasting Caracas tampoco quedó documentada, pero es muy posible que acompañara a ocasionales cantantes populares y aficionados, como era habitual entre los guitarristas de la época. En efecto, era el instrumento privilegiado por las emisoras de radio en todo el continente, que floreció como medio de una música ya con visos de continentalidad.

Era un momento de cambios profundos en el ámbito cultural venezolano. El inicio del cine sonoro y la instauración definitiva de la radio en el país, a partir de los primeros años treinta, cambiaron el gusto general del público y el proceder musical mismo. Con la popularización del disco y la desaparición de los pianistas y músicos que amenizaban las películas mudas, el repertorio nacional tuvo que adaptarse para poder confrontar un repertorio foráneo, que rápidamente se "ponía de moda", con mejores posibilidades de grabación y, por tanto, de alcanzar mayor difusión: rancheras, boleros, sones, rumbas, tangos, etc. Por oposición, se despertaron inquietudes gregarias conscientes y declaradas en muchos músicos del país. Esta situación era paralela a la reivindicación nacionalista que se emprendía en el terreno académico, bajo el temprano liderazgo de Vicente Emilio Sojo, cuyo centro de acción era la misma escuela de música.

Gracias a que a su primer retorno a la capital desde Mérida, Pérez Díaz había conocido a Eduardo Serrano –como señala éste en sus palabras preliminares–, por su intermediación entabló amistad con Marco Tulio Maristany y Antonio Lauro, a quien encontraría en esos mismos días en la cátedra de Borges. En el seno del trabajo radial, como fuera de él, se presentaron en diversas agrupaciones ocasionales, a lado también de otros músicos. Se documenta, por ejemplo, que Pérez Díaz, Serrano y Lauro acompañaron al famoso cantante mexicano de boleros Juan Arvizu, en el concierto privado que le ofreció al dictador Juan Vicente Gómez, en su hacienda Las Delicias, en Maracay, visita que en esos días era casi obligatoria para todos los artistas visitantes.

En 1935, en conocimiento de que por esos días Maristany y Lauro tenían un dúo, y Serrano y Pérez Díaz, otro, la también compositora María Luisa Escobar les propuso la creación de un cuarteto de voces y guitarras. La idea tuvo buena acogida entre ellos, y comenzaron de inmediato los ensayos para su debut. Pérez Díaz recordaba:

> Madrina del conjunto fue, y sigue siéndolo, nuestra gran amiga la compositora venezolana María Luisa Escobar. María Luisa, pésele a quien le pesare, es la fundadora y fue la gran impulsora del Ateneo de Caracas. A ella se debe la existencia del actual Ateneo. En el único, en el creado por María Luisa Escobar, nacieron los Cantores del Trópico.[15]

La feliz combinación de los distintos talentos de estos músicos dio como resultado un éxito inmediato, en un momento en que se desataba, en toda Latinoamérica y bajo el

influjo del trío Matamoros, un movimiento de dúos y tríos, vinculados a la música romántica caribeña, pero con marcada participación de composiciones nacionales. Lauro era quien poseía el mayor bagaje técnico-musical de todos, y por tanto dirigía el grupo, fungiendo además como primera guitarra, cantante –con voz de bajo-barítono–, y además realizaba los arreglos y algunas composiciones. Sorprendentemente, y no obstante estar apenas comenzando sus estudios de música, ya combinaba un acucioso sentido de lo venezolano con no pocas intuiciones académicas. Serrano era el de mayor edad entre ellos, y tenía experiencia y ya reputación como músico profesional, en particular en el mismo ámbito de las emisoras, iniciándose en esos años en la dirección de sus orquestas. Llegaría a ser uno de los compositores populares más productivos e importantes del país, además de que cantaba con voz de tenor y se desempeñaba también como guitarrista. Maristany, de los cuatro, era el único sin formación alguna, pero destacaba por su voz de tenor privilegiado, y realizaría más tarde una notable carrera como solista de las orquestas de baile más prestigiosas de la época. En fin, Pérez Díaz era hábil instrumentista y barítono competente, y es muy probable que fuera quien dio cohesión al grupo, dadas su personalidad y la facilidad de expresión.

El 7 de mayo de 1935, Día de la Unión Panamericana, ofrecieron su primer concierto público en el Ateneo de Caracas, presentándose junto a otros artistas. La Broadcasting transmitió el evento a diversos países latinoamericanos y a los Estados Unidos, gracias a lo cual recibieron cartas de los lugares más diversos, estimulándolos a seguir adelante con el conjunto. Serrano afirmó: "El objetivo del grupo era el de difundir la música venezolana. La idea que nos llevó

Debut de Cantores del Trópico: Sentados adelante: Eduardo Serrano y Antonio Lauro De pie, atrás: María Luisa Escobar entre Marco Tulio Maristany y Manuel E. Pérez Díaz. Caracas, 1935. Foto: Luis Felipe Toro. Colección Biblioteca Nacional de Venezuela.

a crear Cantores del Trópico fue la de elevar el nivel de la música venezolana. Además, era el primer conjunto a cuatro voces y guitarras de Venezuela, con arreglos especialmente realizados".[16]

Se presentaron en la radio y de nuevo en el Ateneo de Caracas, así como en algunos teatros caraqueños. Con celeridad, alcanzaron fama nacional y popularidad, ya que ofrecían una alternativa venezolana de marcada calidad ante el avance de la música extranjera, beneficiada por apoyo discográfico y el mecenazgo de empresas internacionales. Así, se cifraron en ellos las esperanzas del medio de cambiar la "balanza musical", como se afirma en uno de los tantos artículos de prensa que les dedicaron por esos días, y como relataba el mismo Pérez Díaz en una grabación "casera" sobre la historia de la agrupación. En ella, realizada en 1976 y tomando como hilo del discurso las piezas incluidas en los discos que grabaron, contó los avatares del trío, con su característica forma de expresarse, que refleja de manera marcada su personalidad: "Todo va a ser realizado por mí mismo, aquí en casa, solo con mis recuerdos y mis discos, haciendo unos comentarios sencillos y espontáneos, tal cual los haría de estar entre amigos, charlando, comentando y explicando mientras les pongo los discos".[17]

Cantores del Trópico con el cantante Chucho Martínez Gil.
Emisora La Voz de Antioquía, Medellín, 1940.

El conjunto tuvo encuentros con agrupaciones similares que fueron marcando su repertorio. En 1935, conocieron en las emisoras capitalinas al dúo Trovadores Caroreños, formado por Nelson Pérez y Alí Suárez K., y a través de ellos aprendieron algunas piezas populares larenses que se convertirían en las más exitosas de su repertorio. Al referirse a ellos en su grabación, debido al tiempo que había transcurrido, Pérez

Díaz confundió fechas y personajes, afirmando que contaban con Rodrigo Riera, quien tenía entonces apenas 12 años:

> Cuando el trío estaba en plena época de ilusiones: enriquecer el repertorio, viajar al interior, grabar alguna vez algún disco, salir en gira hacia el extranjero, etc., llegaron a Caracas, procedentes del estado Lara, los Caroreños o los Trovadores Caroreños. Para ellos, nosotros éramos una cosa del otro mundo, para nosotros, ellos traían un bagaje de alegres canciones y una manera de cantarlas que nos enseñaba mucho. Nosotros teníamos a Lauro, que soñaba con la composición en un concepto más alto. Ellos traían a Rodrigo Riera, quien aspiraba a la guitarra noble. Nos cantábamos, nos juntábamos y escuchábamos mutuamente. También lo celebrábamos. De los Caroreños aprendimos *Amalia Rosa* bautizada en nuestros programas radiales como *Las cuatro que quiero yo*, *Porque le temo a tu tío*, tal vez *El alcalde* y decididamente el golpe caroreño *La guerra de los Vargas*. Según los caroreños, eran canturías tradicionales, anónimas, casi al borde de lo folklórico. Ni ellos, ni nosotros, fuimos jamás folkloristas, aun cuando la gente siga llamando folklórica a la música simplemente popular.[18]

Para los Cantores, también fue importante la entrevista que tuvieron con los guitarristas que acompañaron a Carlos Gardel en su visita a Venezuela, en 1935, poco antes de su muerte en Medellín, ese mismo año: José María Aguilar, Domingo Riverol y Guillermo Barberi. Sobre esto, Serrano recordaba:

> Nosotros fuimos a hacerles una visita al Hotel Madrid, en donde se alojaban los guitarristas (Gardel, en cambio, se hospedó en el Hotel Majestic). Les tocamos *El alcalde* y mi merengue *Negra la quiero*, lo que les gustó mucho. Ellos a su vez tocaron para nosotros, pudiendo ver cómo se repartían la música, y nos dieron consejos.[19]

Algunos conocidos músicos nacionales remarcaban la excelencia de los Cantores del Trópico dentro de la música latinoamericana de esa época. Ciro Adarme, guitarrista de larga trayectoria en el medio popular y académico zuliano, afirmaba: "Han pasado cincuenta años y los Cantores siguen siendo el mejor trío popular que he oído en mi vida".[20] De igual manera lo hizo Alirio Díaz, quien analizó algunas de las características del repertorio del trío en un notable artículo sobre Antonio Lauro, utilizando como referencia también las piezas grabadas por el trío, años más tarde, ya que nunca tuvo oportunidad de escucharlos:

> En los arreglos de Lauro sobre algunas de estas canciones, realizados posiblemente como buenos ejercicios de composición puesto que al mismo tiempo atendía, cuando podía, disciplinas escolásticas en la Escuela Superior de Música, notamos la incorporación de numerosos efectos artísticos de origen popular criollo, como silbidos, gritos, carcajadas, frases habladas, efectos onomatopéyicos y remedos humorísticos al cantante de nuestro pueblo. A todo esto, hecho para matizar y animar los cantos, se añadían los recursos propiamente musicales: una oportuna intervención de las tres voces, imitaciones contrapuntísticas de vivo color polifónico (*Serenata, Naranjas de Valencia*), acertados procedimientos armónicos tradicionales y otros de inspiración popular venezolana, modulaciones de efecto sorprendente (*Tu mirar*, *Morenita*), tensión rítmica (*Corrío llanero*, *La guerra de los Vargas*, en los merengues), más una rica variedad de matices en los acompañamientos típicos, como rasgueos, floreos, bordoneos, pasajes virtuosísticos, introducciones de las más graciosas (*Naranjas de Valencia*, *Morenita*, *Serenata,* y en los merengues). No hay duda de que a más de haber sido los Cantores del Trópico los primeros en utilizar en forma polifónica –y obra de Lauro– elementos musicales nuestros, y con tanto acierto artístico en que nada faltaba

ni estaba de más, ejercieron también profunda influencia en el posterior movimiento musical nacional, tanto que aún hoy vemos resultados de incuestionable validez artística[21].

Ya desde 1938, entre octubre y noviembre, los Cantores quedaron reducidos a trío, pues los compromisos familiares le impedían a Serrano ausentarse de Caracas. A partir de entonces, alternaron sus presentaciones en emisoras caraqueñas con frecuentes viajes a Maracaibo, donde se desarrollaba una intensa actividad cultural. Allí se vincularon a los inicios de la emisora Ondas del Lago, que fue fundada en 1936 y sería la segunda radio en importancia del país, y en la cual se presentaron numerosos artistas nacionales e internacionales. En realidad, tanto Pérez Díaz como Maristany ya tenían lazos laborales con Maracaibo. El primero de ellos había pasado temporadas artísticas en la ciudad occidental desde 1937. Además, había ofrecido su primera aparición en la emisora, sus "solos de guitarra" ya nombrados, y siguió presentándose entre febrero y marzo de ese año, más o menos una vez por semana, apareciendo en la prensa de la época como Manolo Díaz, al lado de otros artistas populares. Al mismo tiempo, Maristany fue contratado por la misma estación radial como cantante "con carácter de exclusividad ", como se documenta en el diario *Panorama*, del 23 de enero de 1937. De 1938, se conserva una foto de Pérez Díaz al lado de Regino Sainz de la Maza, en Bogotá, que coincide con el viaje del Orfeón Lamas a la capital colombiana, agrupación –según afirmaba su esposa Amalia– en la cual cantaba el guitarrista en la fila de tenores, y que era el primer coro venezolano del siglo, y quizás de la historia musical venezolana, fundado y dirigido por Vicente Emilio Sojo, en 1930.

En 1939, ya finalizados sus estudios con Borges, también Lauro se radicó en Maracaibo, y por un tiempo fue director musical de la misma emisora. Así, el trío de Cantores pudo ofrecer su primer concierto en la capital occidental el 13 de octubre, en el Teatro Baralt, el escenario más prestigioso de la ciudad. Nicolás Vale Quintero, cantante e integrante del Trío Venezuela,* fundador y propietario, además de director de Ondas del Lago, había saludado su llegada a la emisora en carta pública:

> *Ondas del Lago*, complaciendo a infinidad de amigos, acaba de contratar, en calidad de exclusivos, para sus estudios, las tres mejores guitarras de Venezuela, y las tres más acopladas y acordes voces: "Los Cantores del Trópico". Estos entusiastas muchachos que en épocas pasadas constituyeron la más grande atracción de Maracaibo, y que conquistaron infinidad de triunfos, vuelven hoy, aún más preparados que antes, y dispuestos a poner muy en alto su nombre, de verdaderos exponentes de la canción vernácula [...].
>
> Va para ellos mi más cordial bienvenida, augurándoles esta vez mayores triunfos, en esta tierra noble, que siempre ha sabido apreciarlos, como ellos merecen.[22]

En una carta a José Antonio Pérez Díaz, fechada en Maracaibo, el 26 de junio de 1993, Lolita Aniyar de Castro –relevante figura de la política zuliana– se refirió a esta época, cuando conoció a Manuel Enrique en Maracaibo, quien era cercano amigo del esposo de su madre, el conocido cantante y compositor larense Ovelio Riera. La espontaneidad de los recuerdos infantiles, sumados a una sensible visión femenina, sirven para sumar el humor como un aspecto importante del carácter del guitarrista:

* No debe confundirse este grupo marabino con uno homónimo que alcanzó fama nacional, años más tarde, en una etapa posterior de los tríos continentales marcada, en particular, por Los Panchos.

Manuel Enrique era la gracia y la imaginación, el chiste y la poesía. Creo que mi infancia y mi adolescencia no habrían sido tan enriquecedoras –ni divertidas– para mí, si no lo hubiera conocido. Con él, cuando yo tendría tal vez unos 9 años de edad, aprendí a hacer charadas. Las suyas eran increíbles, completamente cultas pero locas. Su *Serenata* es tal vez una de las canciones que más canté en mis años de juventud romántica.

La presencia de Pérez Díaz y Lauro en Cantores del Trópico debe ser vista como un hecho fundamental para el destino del conjunto. En una nota publicitaria, que resalta la presencia vocal de Maristany y evalúa de manera bastante significativa el talento de Lauro –"reputado como el máximo guitarrista venezolano"–, se afirma de Pérez Díaz:

> [...] debido a la consagración al estudio y a la perseverancia que le son características, se ha colocado casi al nivel de Antonio Lauro como guitarrista de concierto. Cuenta también Manolo con una excelente voz de gran extensión musical, matizada con exquisito timbre de tenor que al conjuntarse con todas sus calidades artísticas en un sólo reglón de músico folklórico, resulta ser un claro exponente emotivo y autóctono de sus maravillosas interpretaciones musicales.[23]

Por esos mismos días, escribió el breve ensayo que titula "Apuntes para la Historia de la Guitarra en Venezuela (1930-1939)", en el cual hizo un precoz balance de los primeros años de la escuela. De igual manera, junto con Lauro, realizó alguna actividad como "dúo clásico", transmitido también por Ondas del Lago. Si bien no llegó a ser más que algo fortuito y sin mayor trascendencia en la vida de ambos, es significativo que este dúo reuniera a los dos más importantes intérpretes de la guitarra del momento. Ya en el concierto de los "alumnos distinguidos de la Escuela de Música", el 25 de junio 1938, se habían presentado juntos interpretando un minueto de Mozart, arreglado por el mismo Lauro, y ese mismo año tocaron en el Ateneo de Caracas. Tenían como antecedente único en el país algunas presentaciones de Raúl Borges con Manuel Leoncio Porras, quienes incluso habían grabado un par de discos de 78 rpm, en 1931, presentados como "Dúo de Guitarras Grandes", si bien con acompañamiento de cuatro, muy probablemente de Leoncio Narvarte.

En ese momento, el trío se preparaba para efectuar una larga gira continental, incorporando al colombiano Juan Bautista Chiappe, secretario de Ondas del Lago, como representante. Luego de diez meses de continua presencia en la emisora zuliana de Maristany como cantante, y Lauro y Pérez Díaz a dúo, los Cantores dieron su concierto de despedida en el Nuevo Circo de Maracaibo, el 18 de febrero de 1940. La gira siguió por Barquisimeto, luego Mérida y San Cristóbal, llegando a Colombia hacia los primeros días de abril de 1940.

Cantores del Trópico. Plaza de Toros de Santamaría, Bogotá, 2.5.1940.

Realizaron el recorrido en su totalidad por tierra, utilizando todo medio de transporte a su alcance, pues las comunicaciones eran entonces bastante precarias. Chiappe iba adelante pautando y arreglando posibles presentaciones. Sus escenarios principales fueron las emisoras de radios, si bien ofrecieron también recitales en teatros, salas de cine y hasta en espectáculos de variedades. En Colombia, se presentaron en Bucaramanga, Medellín –donde, en mayo, estrenaron quizás el más famoso merengue venezolano conocido, *Barlovento* de Eduardo Serrano–, Pereira, Manizales, pero su principal concierto lo realizaron en Bogotá, y fue el más exitoso de toda la gira. Al aire libre en la Plaza de Toros de Santamaría, con un lleno total de unas quince mil personas –según el mismo Pérez Díaz–, participaron en las Fiestas del Obrero, el 2 de mayo de 1940, en ocasión del centenario de la muerte de Francisco de Paula Santander. Su repertorio, además de obras de Serrano y Lauro, estuvo integrado por piezas venezolanas de autores como Vicente Emilio Sojo, Conny Méndez, Luis Alfonso Larrain y Pedro Elías Gutiérrez, teniendo que repetir varias veces el golpe larense *La guerra de los Vargas*, atendiendo los aplausos del público. También en la capital colombiana, ofrecieron un recital en el Teatro Colón, inaugurando el Centro de Estudiantes de Venezuela, con asistencia del presidente de ese país y del embajador venezolano allí destacado.

La gira prosiguió por Ecuador, en julio de 1940. Singularmente, fue en ese país donde Pérez Díaz y Lauro concibieron las obras más conocidas de sus catálogos, la *Serenata* y el *Valse criollo*, éste conocido luego como *Natalia*. Se presentaron en Quito y Guayaquil, donde además ofrecieron unos pocos "conciertos de música clásica", como el que fue anunciado en *Radio El Telégrafo*. Llegaron a Perú, el 22 de agosto, permaneciendo casi seis meses contratados por radios y teatros locales de Lima, El Callao y Arequipa.

Si Colombia había representado el éxito y Ecuador, la creatividad, Perú trajo el amor. En Lima, Pérez Díaz conoció a la chilena Amalia Muñoz Davagnino, joven actriz y bailarina nacida en Valparaíso, quien trabajaba desde niña junto a sus padres en actividades artísticas y teatrales.* En un recorte de prensa, sin fecha ni fuente, se describe este encuentro: "Amalia y Miguel [sic] Enrique se conocieron en la emisora de radio, ella trabajaba en el teleteatro y los oyó cantar, se acercó a hacer un comentario sobre la letra de una canción llamada *La vaca*, de Eduardo Serrano, así se produjo el flechazo en Lima...". Luego, volvieron a encontrarse en el Teatro Metropolitano de la capital, donde ella aparece "bailando *España* con una gracia inimitable", como recordaría más tarde el guitarrista en una entrevista de prensa. Se casaron a los cuatro meses, en diciembre de 1940, poco antes de que Cantores del Trópico partiera de la ciudad. También se presentaron en El Callao y en Arequipa.

Chile fue el final de la gira. Dieron recitales en diversas ciudades tales como Arica, Antofagasta, Iquique, Chuquicamata, Coquimbo, Viña del Mar –en el famoso casino–, Valparaíso, Santiago, Concepción y Talcahuano. En muchas de estas presentaciones, en espectáculos de variedades, Amalia bailaba música española. En alguna oportunidad, incluso bailó *Sevilla*, de Isaac Albéniz, acompañada por la guitarra solista de Lauro. Sin embargo, en Chile tuvieron inconvenientes económicos y de organización, ya sin Chiappe –por razones que no quedan del todo claras–, que les impidieron

* Su padrastro era un actor cómico español y su madre, una pianista y actriz chilena, hija de italianos.

GUERRERO
Foto

proseguir su viaje a la Argentina, como aspiraban. Fue entonces cuando la filial venezolana de la empresa alimenticia Toddy los contrató para trabajar en la cadena de radioemisoras nacionales, por unas semanas, comprometiéndose a financiar una nueva gira y llevarlos por Colombia, Puerto Rico y los Estados Unidos, donde grabarían algunos discos.

Regresaron a Venezuela en diciembre de 1941. El Ateneo de Caracas les preparó un recibimiento en Maiquetía, que convocó a conocidos personajes del medio musical, artístico e intelectual. De este modo, recomenzaron sus actuaciones en el país a finales de ese mismo año, en la Radio Caracas, como artistas exclusivos de la Cadena Toddy, presentándose, además, en salas y teatros capitalinos. Fue durante esos días cuando, en efecto, se encontraron con los Hermanos Riera, del cual formaba parte Rodrigo Riera, quien pocos años más tarde sería también uno de los discípulos más destacados de Borges. Sin duda, el comentario que hizo Pérez Díaz sobre Riera, trascrito más arriba, se refiere a esta oportunidad, cuando compartieron la programación de la emisora hasta febrero de 1942. Riera precisaba sobre su conjunto: "Nosotros llevábamos un mensaje genuino de la provincia", lo que seguramente impactó al conjunto capitalino.

El 12 de enero de 1942, en el Teatro Ayacucho, los Cantores recibieron una medalla de la Asociación de Cantantes. Luego, dieron conciertos en teatros de Valencia, Barquisimeto y Maracaibo, y de nuevo en la emisora Ondas del Lago. Sin embargo y para su sorpresa, al concluir el período estipulado por el contrato y dispuestos a partir hacia Colombia desde Maracaibo, la Toddy canceló la gira, arguyendo que en ese país no había buen mercado para su producto. Se vieron obligados a volver a Caracas, recibiendo sólo una semana de remuneración y se quedaron sin trabajo, pues aún eran artistas exclusivos. El trío procedió a demandar a

A la izquierda, padres de Amalia con los esposos Pérez Díaz (y acompañante desconocido). Chile, 1941.

la compañía norteamericana Santiago Development Corporation ante el Tribunal del Trabajo, por incumplimiento del compromiso, pero sin alcanzar ningún resultado.* Como relató Pérez Díaz en sus recuerdos grabados: "Todo nos falló o nos lo hicieron fallar".

Sólo les quedó grabar unos pocos discos con la incipiente técnica de aquel momento. Según el contrato con la RCA Victor, fechado el 15 de febrero de 1942, cobraron veinticinco dólares por ceder todos los derechos de los doce discos de 78 rpm. Pérez Díaz también recordó esta experiencia en la historia de los Cantores, que grabó con tono de desilusión, cierta ironía y mucha nostalgia:

> Editados y agotados desde hace mucho tiempo, los discos fueron grabados para la R.C.A. Victor en la antigua Radio

* Uno de los abogados que entonces los defendió fue el futuro presidente de la República Rafael Caldera.

Caracas situada de Pajaritos a La Palma, con un diámetro de diez pulgadas y a la velocidad de setenta y ocho revoluciones por minuto.

Ni se soñaba entonces con la alta fidelidad, no se usaban cintas magnetofónicas, ni se contaba con estudios ni técnicos especializados. Sobre una placa redonda y lisa de acetato, una aguja especial iba labrando, abriendo el surco, mientras arrancaba de la placa un hilo interminable. Algunas de esas placas se utilizaban enseguida como pruebas, y se tocaban para poder controlar la velocidad y decidir la colocación de los intérpretes ante el micrófono. La matriz o placa definitiva, de la cual se sacaría el *stamper* (especie de sello seco, metálico, que imprimiría los discos), había que grabarla de manera inapelable, definitiva, sin cortes ni correcciones. No se podía tocar para que la aguja reproductora no dañara los sutiles surcos recién abiertos, y se daba por sentado que había quedado bien sin oírla. Luego, era remitida a la casa Victor en Estados Unidos, y de allí a su debido tiempo venían los discos definitivos.

Estamos, pues, entre el final del año 1942 y el comienzo de 1943, grabando en Radio Caracas. Sus dos estudios para programas radiales hoy causarían risa y se verían como un simple par de cuarticos. Grabamos en el llamado pomposamente "Estudio A", con todo y su auditorio. El tal auditorio era un pequeño espacio fuera del estudio, del cual lo separaba una pared que tenía en su centro una abertura cuadrangular no más grande que una de las hojas de cualquier puerta hogareña corriente, colocada en sentido horizontal. El rectángulo estaba sellado por un par de vidrios transparentes, separados entre sí unos veinte centímetros y que tenían el propósito de dejar ver lo que sucedía dentro del estudio, pero impidiendo el paso a los ruidos extraños. En ese auditorio se sentaban unas treinta personas que apretujadas soportaban pacientemente el calor y compartían la incomodidad.

Añadiremos que nuestros técnicos de sonido lo que estaban haciendo era aprendiendo a grabar. Nosotros fuimos conejillos de indias en todos los terrenos: con los discos, por eso de que se estaba aprendiendo a grabar, y en el terreno profesional y artístico. Con estos discos estábamos exhalando los últimos suspiros, ya moribundos, a causa de la enfermedad incurable e imperdonable de querer imponer lo nuestro, trabajado dignamente, artísticamente, con todo su sabor a pueblo y de pueblo, pero sin libertinajes rítmicos, melódicos ni armónicos, siempre dentro del estilo popular, pero jamás dentro del populachero. Nos habíamos metido a redentores y cuando menos recibimos los azotes... ¡acá!

Añadiremos que se estaba en plena Segunda Guerra Mundial y todo el material necesario para la elaboración de discos se consideraba material de guerra. Por lo tanto las matrices de los nuestros fueron archivadas hasta 1945, año en el cual se imprimieron. El tiempo no las añejó sino que las envejeció. Grabamos siete discos con un total de catorce canciones. El que contiene *Esta noche serena* y *Porque le temo a tu tío* pudo editarse aun cuando su sonido es más borroso que el de los otros, y se nos oye cantar como bajo la lluvia. No pudo salvarse la matriz del que contenía *Barlovento*, merengue de Eduardo Serrano, y *Pobre gitana*, bolero sentimental sobre motivos bohemios del compositor Rafael Hernández, de Puerto Rico, autor del conocido y hermoso *Lamento borincano*. *Pobre gitana* fue el único número no venezolano que grabamos, debido a que nos fue dedicado por su autor y a que fue estrenado por nosotros, mundialmente hablando, en Radio Lima de la capital peruana. Con respecto al célebre merengue Barlovento, Eduardo Serrano, "Serranito" o "Pelotica" para nosotros, nos lo hizo llegar a Medellín, Colombia, y poco tiempo después también era estrenado por el trío.

[...] Las obras no podían durar más de dos minutos y unos cuarenta y cinco o cincuenta segundos, cuando más. La casa editora, por diferencias de segundos, con toda tranquilidad, mutiló pasajes del comienzo o, cuando le pareció, suprimió el acorde final y la canción se quedó como en el aire. Ya dije, con otras palabras, que el trío Cantores del Trópico pagó muy caro, por cierto, el noviciado.

Última formación de Cantores del Trópico, con Rafael Sánchez Gamboa, al extremo derecho. Caracas, 1942.

A partir de abril de 1942, con el tenor y guitarrista Rafael Sánchez Gamboa sustituyendo a Maristany, quien se incorporó como solista a la orquesta de Luis Alfonzo Larrain, realizaron nuevas presentaciones en el Ateneo de Caracas, en las emisoras Ondas Populares y Radio Caracas, así como en el famoso y poco más tarde desaparecido Hotel Majestic. Con respecto a este cambio de participantes, Adarme recordaba una opinión de Pérez Díaz, quien consideraba que con Sánchez Gamboa el trío era mejor, pero que, no obstante, con Maristany era mejor el grupo.

El resultado del oscuro fiasco del mecenazgo comercial fue su desmembramiento definitivo. Una de sus últimas presentaciones coincidió, curiosamente, con un nuevo concierto de celebración del Día Panamericano, retransmitido por radio tal y como había sido su debut siete años antes. El relato grabado por el cronista-cantor finaliza con las siguientes palabras: "...habiéndonos quedado acá, fue como si nos hubiésemos ido lejos... lejos. Con el recuerdo de la patria lejana, tal cual nos dice Manuel*, pero sin las melodías". De igual modo y durante un tiempo, intentó convencer sin éxito a Lauro de que restablecieran el trío. Incluso, llegaron a ensayar nuevo repertorio, pero el músico guayanés se dirigía hacia otros derroteros dentro del mundo académico, en particular, el estudio de composición bajo la tutela del maestro Vicente Emilio Sojo, abandonando por unos años la guitarra y, para siempre, el medio popular. En una carta, en ocasión de la muerte de la madre de Lauro, el primero de marzo de 1958, desde Maracaibo, Pérez Díaz lo intentó, por última vez: "Todavía acá mucha gente insiste con los Cantores y preguntan que si no haremos el esfuerzo de dejar siquiera un par de *long-plays*!"[24]

Copia hológrafa de Serenata.

* Se refiere a Manuel Rodríguez Cárdenas, quien les dedicó un poema, que Lauro utilizó en una de sus composiciones para el trío.

El regreso a Caracas y la consecuente disolución de Cantores del Trópico dejó pesadumbre en Manuel Enrique Pérez Díaz. La experiencia continental había sido enriquecedora, y guardó el recuerdo del concierto en Bogotá como la más profunda experiencia artística de su vida.

Poco después de su llegada, en junio 1942, Manuel Leoncio Porras, amigo íntimo de Borges, escribió un artículo titulado "Música, músicos y artistas", en el cual trata sobre la guitarra venezolana, confirmando la expectativa que se había creado en torno a Pérez Díaz:

> Este es otro estudioso incansable, que está resultando un buen ejecutante e intérprete, si sigue como va, será un guitarrista de los buenos. Al regreso de sus correrías por el sur, cuando lo oí nuevamente tocar, me sorprendieron grandemente sus adelantos en el dominio de la guitarra. Pérez tiene ejecución, limpieza, y le suena la guitarra. Es un investigador que todo lo quiere abarcar (audaz), queriendo darle solución rápida, precisa y correcta a la infinidad de dificultades que generalmente se presentan en la guitarra. Sigue, Manolo, que llegarás.

Se puede sospechar, incluso, que los Cantores pudieran haber contemplado la posibilidad de transformarse en un conjunto clásico. Prueba de ello, es que habían interpretado ya el primer arreglo para trío de guitarra realizado por Lauro, el *Andante* de la *Sonata Nº 7* de Wolfgang Amadeus Mozart, en Santiago de Chile, en 1941. No obstante, Maristany no era más que un guitarrista acompañante, y no podía asumir un repertorio más exigente desde el punto de vista técnico. Así, sustituyéndolo por Flaminia Montenegro, quien también había sido discípula de Borges –de hecho, la primera en llegar a su cátedra y la primera en obtener el diploma, ya que Lauro se dedicó a la composición–, crearon el Trío Clásico de Guitarra. Ofrecieron primero audiciones radiales, con muy buena acogida del medio musical. En el *Boletín de Radio Caracas* se afirmó: "Verdaderos ases en la ejecución de la guitarra son Flaminia Montenegro, Antonio Lauro y Manuel Enrique Pérez Díaz, integrantes de un selecto conjunto llamado a figurar en breve entre lo más granado de nuestro mundo artístico".[25]

Ya que no se conocía literatura para tres guitarras –a excepción de algunas obras originales de Sor–, Lauro sumó nuevos arreglos a los ya realizados por Raúl Borges, quien, luego de la experiencia con Barrios Mangoré, había formado su propio trío de guitarras, a principios de la década del treinta, junto a Manuel Leoncio Porras y Soledad Espinal, bajo el sonoro nombre de Trío Quiquiriquí. Además, Borges tenía por costumbre exigir trabajo de cámara a sus alumnos, como parte fundamental de su metodología de enseñanza. Fue la reunión de estas dos series de arreglos lo que caracterizó el repertorio del nuevo trío, agregando además unas pocas obras originales de ambos compositores, entre las que destacaba ya el *Merengue* de Lauro, primera versión de esta obra luego transcrita para solista.

Trío Clásico de Guitarra: Manuel E. Pérez Díaz, Flaminia Montenegro y Antonio Lauro. Caracas, 1942.

El 17 de noviembre de 1942 se presentaron en el Teatro Municipal de Caracas, patrocinados por la Asociación Venezolana de Conciertos, lo que aparenta haber sido su debut público, si bien lo habían antecedido audiciones radiales, que propiciaron el éxito del recital, como se verifica en notas de prensa del momento: "Uno de los más extraordinarios conjuntos musicales que hayan sido formados por artistas venezolanos";[26] "Extraordinaria curiosidad ha despertado en nuestro gran mundo musical y en todos aquellos donde se tiene interés por las altas manifestaciones del arte, el anuncio del concierto especial de guitarra..."[27]

El programa, que debió abarcar casi todo el repertorio reunido hasta entonces, fue el siguiente:

Primera parte

L. Milán	*Pavana*
E. de Valderrábano	*Fantasía*
G. Frescobaldi	*Gallarda*

J. S. Bach	*Invención (Sinfonía Nº 1)*
D. Scarlatti	*Tempo di Ballo*
J. Haydn	*Allegro giocoso*

Segunda parte

Víctor G. Ramos	*Corriente*
W. A. Mozart	*Andante cantabile*
R. Schumann	Dos canciones infantiles
	-*Historia curiosa*
	-*Canción del segador*
F. Mendelssohn	*Romanza sin palabras*
F. Sor	*Minuet, Op. 11, Nº 5*

Tercera parte

Popular	*Canción venezolana*
M. Guadalajara	*Yo no te olvidaré*
A. Lauro	*Merengue*
A. Tansman	*Mazurka*
M. Mussorgsky	*Gopak*
I. Albéniz	*Sevilla*

El periodista José Ratto Ciarlo comentó esta presentación con palabras un tanto confusas:

> Nos congratulamos, pues, con estos diligentes y estudiosos concertistas por el éxito conseguido a fuerza de sacrificio y de voluntad. Nos es grato elogiar a Antonio Lauro, fino ejecutante, así como a Flaminia Montenegro y a Manuel Enrique Pérez Díaz.
>
> Ojalá que estos jóvenes se decidan a vencer las trabas inherentes a todo artista que quiere seguir demasiado fielmente los dictados del canon y del texto. Creemos que ellos tienen magníficas

condiciones que aportar buena parte de sí mismos en la interpretación. Gracias a lo cual adquirirán ese toque de originalidad y de espontaneidad que sella a los grandes ejecutantes.

Queda constancia de que se presentaron, más tarde y al menos, en el Ateneo de Aragua, en Maracay, el 20 de febrero de 1943, con un programa similar. Éstas constituyeron las más importantes actuaciones del trío, sin que el conjunto llegara a consolidarse, ya que los estudios de composición de Lauro copaban su atención. Ya a mediados de los sesenta y basado en esta experiencia, Lauro emprendería un nuevo trío, bajo el nombre de su maestro Raúl Borges –recientemente fallecido–, junto a Flaminia Montenegro y a Antonio Ochoa. Este último grupo ha sido el conjunto de cámara con guitarras más importante que haya existido en Venezuela, el cual realizó numerosas presentaciones nacionales y dos discos de larga duración.

Trío Clásico de Guitarra: Manuel E. Pérez Díaz, Flaminia Montenegro y Antonio Lauro. Caracas, 1942. Cortesía Sucesión A. Lauro.

En 1942, nació el primogénito de Manuel Enrique y Amalia, una niña también llamada Amalia –conocida como Amalyn–, por quien el padre sentirá siempre afecto especial. Dadas las dificultades económicas, sin trabajo estable, la pareja y su hija tuvieron que vivir con la familia Pérez Díaz por un tiempo. Es evidente que entonces sentía que la experiencia de Cantores del Trópico había quedado inconclusa, por lo que decidió formar un dúo de canto y guitarra con su esposa, quien llevaba la música como herencia artística. Con este fin, le enseñó las bases del instrumento acompañante, que la joven aprendió con rapidez. No sólo el éxito ya alcanzado lo motivaba a proseguir el camino, sino que de alguna manera sentía que una responsabilidad para con la música venezolana no había sido satisfecha. Aunque en palabras de un periodista, en la siguiente nota de prensa sobre los Cantores, se expresa:

> Amablemente, Pérez Díaz me contesta las preguntas que le hago, y por ellas saco que todos los países que ellos visitaron son propicios para un intercambio artístico con el nuestro, por cuanto en esos países ahora es cuando se le está dando auge a

nuestra música. Sería magnífico, sensacional, que inmediatamente otros artistas venezolanos siguieran las huellas que ellos han dejado, para así hacer como los mejicanos, quienes van a un país, actúan e, inmediatamente que se van, vienen otros produciéndose así una corriente que indudablemente redundaría en beneficio del país y de sus artistas quienes se darían a conocer en todo el continente, a la vez que nuestra música, tan linda, tan típica...[28]

Esposos Pérez Díaz con su primogénita, Amalyn. Caracas, 1943.

Así, la pareja emprendió su gira latinoamericana hacia principios de 1944, comenzando por Panamá, y llevando con ellos a su pequeña hija. "Era tiempo de la Guerra Mundial –recordaba Amalia–, y Panamá era la vía más fácil para partir. Allí se podía conseguir contratos en cuanto se llegaba, pero tocamos poquísimo, sólo lo suficiente para irnos al sur". Por su parte, Manuel Enrique, en carta a un amigo, precisaba que decidió partir "por juntar recuerdos para cuando vengan los años de mayor indiferencia y olvido..."[29]

Se llamaron indistintamente Dúo Venezuela, Amalia y Manolo, y hasta Pérez-Muñoz. Su repertorio provenía del cancionero americano y de la misma Venezuela: joropos, bambucos, guasas, canciones, corridos. Actuaron –como lo habían hecho los Cantores– en emisoras de radio, embajadas venezolanas y en teatros de variedades, presentándose como dúo de canto y guitarra. En diversas oportunidades y aparte del trabajo conjunto, ofrecieron interpretaciones solistas de Pérez Díaz con bailes españoles de Amalia.

Llegaron a Lima hacia septiembre de 1944, donde participaron en la despedida y homenaje al conocido cantante y compositor de tangos Agustín Irusta, quien se residenciaría más tarde en Venezuela, hasta su muerte. En febrero del año siguiente, partieron para Santiago de Chile, donde se publicó una reseña que recoge el espíritu de esta nueva cruzada:

> La verdad es que conocemos poco de las manifestaciones del folklore sudamericano. Estamos limitados a determinada música. Por eso, la presencia en nuestro ambiente del Dúo Venezuela, que forman Amalia y Manuel, tiene especial importancia, sobre todo cuando estos artistas cultivan un amplio e inédito repertorio de canciones del gran país del petróleo...[30]

En Chile se presentaron además en Concepción y Valdivia. Luego, desde el 6 agosto y hasta octubre, visitaron La Paz, de regreso a Lima. Se plantearon, entonces, la posibilidad de que el guitarrista realizara estudios de perfeccionamiento con María Luisa Anido, la gran discípula y compañera de conciertos de Miguel Llobet, quien a su vez había sido el más destacado discípulo de Francisco Tárrega. No puede dilucidarse si esto había sido un propósito previo o una decisión tomada en el camino, pero llegaron Buenos Aires en febrero de 1946, sin intenciones de realizar presentaciones públicas, pues una vez

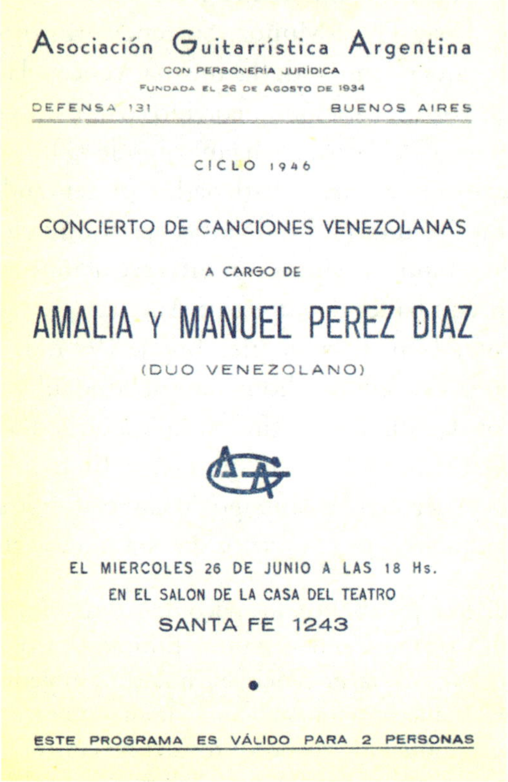

Asociación Guitarrística Argentina

CON PERSONERIA JURIDICA

FUNDADA EL 26 DE AGOSTO DE 1934

DEFENSA 131 BUENOS AIRES

CICLO 1946

CONCIERTO DE CANCIONES VENEZOLANAS

A CARGO DE

AMALIA Y MANUEL PEREZ DIAZ

(DUO VENEZOLANO)

EL MIERCOLES 26 DE JUNIO A LAS 18 Hs.

EN EL SALON DE LA CASA DEL TEATRO

SANTA FE 1243

ESTE PROGRAMA ES VÁLIDO PARA 2 PERSONAS

más contaron con la ayuda económica de Manuel Leopoldo, el padre de Pérez Díaz.

Los guitarristas argentinos los recibieron con generosidad, lo que permitió que la pareja se vinculara rápida y estrechamente al medio musical. Quizás gracias a esto, y luego de una audición privada, ofrecieron un concierto para la Asociación Guitarrística Argentina, con un repertorio en su totalidad venezolano, el 26 de junio de 1946, en el Salón de la Casa del Teatro, en Santa Fe. Ese mismo día María Luisa Anido, quien parece que asistió al evento, les envió un telegrama, en el cual expresaba sus sentimientos hacia ellos: "Felices augurios de gran éxito y saludos".

En el programa de "Amalia y Manuel Enrique Pérez Díaz (Dúo venezolano)", se comentaba:

> La accidental estada en nuestra capital de un famoso conjunto folklorista venezolano, el dúo "Amalia y Manuel" formado por el Sr. Manuel Pérez Díaz y su esposa, nos da la oportunidad de presentarlos a nuestro público para quien ofrecerán una serie de las más típicas y sentidas canciones que forman el acervo folklórico del pueblo hermano, tan interesante como desconocido en nuestro ambiene.
>
> Una exitosa gira artística del citado dúo por diversos países de América (Chile, Perú, Bolivia, etc.) les ha dado oportunidad de hacer conocer, por audiciones radiales y el teatro, joropos, merengues, coplas llaneras y otros aires típicos populares venezolanos, en interpretaciones justas y bien presentadas, cosechando merecidos aplausos y una favorable crítica periodística.

El repertorio sirve como ejemplo de su trabajo, con rastros del que ofrecía Cantores del Trópico:

Primera parte

E. Serrano	*Barlovento*, merengue
	La vaquita lechera, coplas llaneras
M. E. Pérez Díaz	*Serenata*, canción
Benito Canónico	*El totumo de Guarenas*, golpe
Anónimo	*La Mónica Pérez*, joropo

Segunda parte

Evaristo Olivares	*Besos de miel*, vals criollo
A. Lauro	*Habladurías*, merengue (sobre un poema negro de M. Rodríguez Cárdenas)
M. L. Escobar	*Cantares*, aires populares
A. Lara	*El musiú se pone bravo*, canción de "estilo venezolano"
J. B. Plaza	*El curruchá*, joropo

Tercera parte

E. Serrano	*Ni na, ni na*, merengue
M. E. Pérez Díaz	*Anhelos*, valse
Popular	*El alcalde*, guasa criolla
M. L. Escobar	*Naranjas de Valencia*, pregón
P. E. Gutiérrez	*Alma llanera*

A partir de entonces, Pérez Díaz dedicó el resto de su tiempo en Buenos Aires al perfeccionamiento de sus conocimientos guitarrísticos con Anido, dejando de lado, parcialmente, su actividad en el ámbito popular.

Dúo Amalia y Manolo. Panamá, 1944.

María Luisa Anido nació en Morón, provincia de Buenos Aires, el 26 de enero de 1907. Fue hija del guitarrista Juan Carlos Anido, quien creó y dirigió la revista *La Guitarra*, una de las primeras en su género en Latinoamérica, y una sociedad con el mismo nombre. La niña comenzó estudios del instrumento a los 7 años con su padre, y al poco tiempo los prosiguió con el español Domingo Prat –quien había estudiado con Miguel Llobet–, residenciado en Argentina. Comenzó su carrera de concertista internacional en 1918. Estudió, además, con otros destacados maestros, entre ellos los españoles Hilarión Leloup y, luego, la tarreagueana Josefina Robledo, hasta el arribo de Llobet, en 1922, de quien fue no sólo discípula, sino compañera de conciertos y grabaciones, presentándose juntos en 1925 y 1929, y estrenando arreglos del mismo maestro catalán para dos guitarras. Fue, así, la más aventajada heredera de las enseñanzas de Tárrega en Latinoamérica.[*] Compuso además unas pocas obras para el instrumento solista, de marcado color argentino tradicional.[†]

* Años más tarde, el cubano José Rey de la Torre también estudiaría con Llobet, durante un par de años en Barcelona España.

† Murió en La Habana, en junio de 1996.

La relación que siempre existió entre la "gran dama de la guitarra", como fue conocida, y su discípulo venezolano fue de mutua admiración, cariño y respeto. Numerosas cartas dan testimonio de ello. Ahora bien, es significativa la apreciación que de la formación de Pérez Díaz tenía la maestra argentina, aún más si se considera que éste sólo había estudiado unos pocos años con Borges, lo que da una idea de la efectividad de la enseñanza del humilde maestro caraqueño, y ratifica los logros ya alcanzados con Lauro, y más tarde, los que alcanzaría con Riera y Alirio Díaz. En una carta, desde Buenos Aires, datada en septiembre de 1946, le dice:

> Muy estimado amigo y alumno:
>
> [...] En realidad es pura gentileza suya cuando se refiere a mis méritos de maestra. Usted es [era] ya un notable guitarrista de gran dominio técnico y todo el trabajo estaba terminado cuando lo tomé como alumno. Sólo he querido reforzar y ampliar su mecanismo en los puntos que me parecieron más débiles. Con esto quiero decirle, que todo el mérito en este caso es sólo suyo y que... yo me estoy vistiendo como se dice "con las plumas del grajo".
>
> [...] Ya sabe que soy sincera al repetirle que me proporciona un placer colaborar con sus estudios, quedando sumamente contenta al saber que progresa.
>
> [...] y para usted el aprecio sincero y un afectuoso saludo de su maestra y amiga.

Por su parte, el venezolano no escatimaba halagos para con ella, como por ejemplo en una comunicación muy posterior, desde Caracas, el 5 de julio de 1977:

> Desde el punto casi inalcanzable que tienes en el mundo de la guitarra; a la soberbia artista (soberbia en el sentido virtuoso); a

la gran discípula de Llobet!, a la genuina representante viviente de la Escuela de Tárrega [...]. Te quiero mucho. Te admiro como tanto y bien te lo he probado.

Para darse una idea de lo que fueron sus estudios, se conserva un cuaderno de apuntes de Pérez Díaz, en el cual están escritas, con letra de la misma Anido, observaciones sobre diversos aspectos de la técnica, que permiten observar los avances del discípulo. Comienza estableciéndole un plan de ejercicios, dividido en días pares e impares. En particular, ejercicios de Tárrega, escalas diatónicas y cromáticas con diversas digitaciones, arpegios de Domingo Prat, estudios de Fernando Sor y Dionisio Aguado, y obras como los preludios de Tárrega, *El Colibrí* de Julio Sagreras y el *Septimino* de Beethoven. La maestra le sugiere: "Si es posible, intercalar los pasajes técnicos más difíciles de algunas obras, como por ejemplo las escalas del preludio de Bach, etc." En algunas otras observaciones, a lo largo del cuaderno, le exige el estudio lento, claro y fuerte, "sin endurecer las manos, ni apretar la mano izquierda: *liviana*. Que la mano derecha no salte". En las escalas: "insistir en estudiar colocando las manos en forma natural (con las manos flojas y livianas)".

Allí mismo consta que trabajó obras que luego serían las más frecuentes en su repertorio de concierto: *Testamento de Amelia*, canción catalana arreglo de Llobet, un *Minueto* de Fernando Sor, *Suite en re menor* de De Viseo, una fantasía de los vihuelistas españoles, que no especifica autor, una pavana de Luis Milán, una *Sarabanda* y un preludio de Bach, *Folías* de Gaspar Sanz, *Baile*, aire norteño de la misma Anido, *Valse* de Manuel M. Ponce, *Sueño* de Francisco Tárrega, *Dolor* del padre Donostia y *El vito* de Regino Sainz de la Maza.

Una muestra interesante de la manera como abordaba el trabajo, queda evidenciada en las observaciones para el *Estudio Nº 23* de Sor:

> Acostumbrarse a no repetir ni rectificar notas. Para quitarse la *maña*, seguir siempre adelante *aunque se equivoque*, pero fijarse en los pasajes inseguros para *asegurarlos por separado*. Pisar bien y cuidar la pureza del sonido al tocarlo despacio. Que la mano se mueva (mano izquierda) en forma suave y liviana. Traerlo sin fallas, aunque sólo sean tres renglones. *La mano izquierda liviana* (pisando bien sin apretar mucho), pero pulsar con energía (sin "tironear"...). Trabajar por separado los pasajes marcados por inseguros. Los bajos sonoros.

Sobre el *Estudio Nº 5* del mismo compositor, le exige: "Al pulsar con energía los acordes, quitar en lo posible la brusquedad del sonido. Apagar los silencios. Cuidar, al pulsar, que no toquen otras cuerdas. Evitar la dureza del sonido y tocar junto al puente". Este aprendizaje fue fundamental para su desenvolvimiento futuro, y siempre la consideró una referencia.

Es muy probable que su opinión fuera decisiva para que se nombrara al venezolano "Miembro correspondiente de la Academia Argentina de la Guitarra en la República de Venezuela", desde su fundación el 14 de abril de 1948.* La academia se proponía como un "instituto de investigación artística, técnica, científica y social", lo que de alguna manera se correspondía con la constante inquietud del venezolano por la historia del instrumento.

Ella, por su parte, mantuvo una notable expectativa por lo que pudo haber sido la carrera artística y, luego, docente de su

* Recibe la correspondencia el 30 de mayo de 1948, y el diploma lo firma el historiador argentino de la guitarra Ricardo Muñoz, en Buenos Aires, el 21 de julio de 1950.

discípulo. Poco después de la partida de la Argentina, le había escrito: "Aquí todos los recordamos con muchísimo afecto y es indudable que ustedes dejaron honda huella en nuestros corazones con su bondadosa y exquisita gentileza..."[31] Y más tarde, en otra carta, agregaba: "mi talentoso amigo y gran discípulo, del que me siento honrada..."[32]

La pareja regresó al país a principios de 1947. El guitarrista llegó con intenciones de vivir de su instrumento –como recordaba Rafael Sánchez Gamboa–, pero rápidamente desistió de ello. Sin trabajo estable, le resultaba difícil su reinserción en el medio artístico. Registró un almacén musical que llamó "La Casa de la Guitarra", a través de la cual ofrecía instrumentos, métodos, música, cuerdas, y se anunciaba como representante de la Casa Núñez, de Buenos Aires. Pero, como había sucedido con su maestro Raúl Borges, años antes –quien también regentó un almacén musical–, su talento no era para los negocios, ni siquiera los musicales, y su experiencia comercial tuvo apenas un breve destino.

Todavía como dueto, se presentaron en la emisora Ondas Populares, en febrero de 1947, y en Radio Mara de Maracaibo, tres meses más tarde, resultando éstas las últimas referencias documentadas que se tengan del mismo. Quizás en la decisión de ponerle fin al mismo influyera el crecimiento de la familia, ya que ese mismo año nació su segundo hijo, Carlos, mientras que Manuel Antonio, el tercero y último, en 1949.

Por su parte, Amalia afirmaba que "de regreso, la situación ni estaba para la música, ni para cantantes, ni para nada. Entré a formar parte de un grupo de radio-teatro, otra vez, y allí conocí a la gente de Radio Caracas". En efecto, allí trabajaría toda su vida, llegando a ser una de las más importantes, respetadas y premiadas actrices del país, en particular en el canal televisivo del mismo nombre. Asimismo, ambos se incorporaron al Orfeón Lamas, el histórico coro de la Escuela Superior de Música, dirigido por Vicente Emilio Sojo.

Junto con Amalia, c. 1945.

"SERENATA", fue Aplaudida en Privado
Ayer en la Sala del Hollywood

Elenco y equipo de producción de Serenata, *de Bolívar Films. Caracas, 1947. Desde la izquierda, el segundo es Pérez Díaz y el penúltimo, Rafael Sánchez Gamboa, al lado de Nilda Zavarce.*

En esos días, Pérez Díaz realizó un corto musical que desarrollaba como argumento su composición *Serenata*, la que ya había alcanzado notable difusión. Fue el primer corto musical de Bolívar Films, y su estreno se realizó en el cine Hollywood de Caracas, el 21 de marzo de 1947. El propio guitarrista escribió el guion, y actuaron Max Gil, Nylda Zavarce, Rafael Sánchez Gamboa y Marco Tulio Maristany, bajo la dirección de Juan Martínez Delgado.

Una nota de prensa resume su temática:

> A grandes rasgos, *Serenata* se refiere a unos jóvenes –Nilda Zavarce y Sánchez Gamboa– que se aman con sencillez rodeados de un marco campestre. El idilio es conocido por el padre de la muchacha –Max Gil– quien sorprende una noche al galán ofreciendo una serenata a su amada. El "taita" empuña un machete para espantar al novio, pero un instante de flaqueza le hace poner atención a la melodía que se pliega por todas las rendijas de la noche, y tornándose definitivamente sentimental ante el recuerdo de tiempos mozos, se encara con el novio para decirle poco después que puede galantear a su hija.[33]

Años más tarde, en 1975, María Luisa Anido fue invitada como jurado de la primera edición del Concurso Internacional de Guitarra Alirio Díaz. Al momento de su llegada al país, Pérez Díaz le dirigió palabras que revelan sus sentimientos, llamándola por su diminutivo afectuoso:

> Mimita: ¡Bienvenida!
>
> Este saludo es mío –personal– egoísta... y no tiene ningún nexo con el Concurso Internacional de Guitarra ni con el Instituto Nacional de Cultura y Bellas Artes.
>
> Le doy mi bienvenida con la fervorosa admiración de siempre, la gratitud y el respeto debidos a la generosidad y sabiduría de

la Maestra y el gran cariño para la amiga "Mimita". Seguro estoy de que represento a quienes, en un solo bloque, estarían rindiéndole el homenaje que Ud. se merece de cuantos amamos a la guitarra, si las cosas se hicieran como es debido.

Espero la ocasión de compartir algunos buenos ratos como en México: allá me honró Ud. con sus confidencias al relatarme anécdotas referentes a la guitarra Torres de Tárrega y al contarme de sus viajes hasta Rusia. Me habló de Florencia ¡Tantas cosas!

Para mí, el Concurso que la trae a Caracas tiene una sola circunstancia que *lo redime*: ¡La presencia de usted en Venezuela!

No he traído flores que, aunque bellas, son mudas. Le ofrezco unas cuerdas para su maravillosa guitarra –noble heredera de los tañidos de Tárrega y Llobet– y que sus sonidos hablen en nombre de su admirador, su discípulo y su amigo.[34]

Junto con María Luisa Anido. México, 1959.

Año 1944.

Si bien ya había ofrecido "solos de guitarra" en emisoras de radio, es a su regreso al país desde Argentina cuando Manuel Enrique Pérez Díaz comienza una moderada actividad profesional como concertista. No obstante, no llegó a concretar una carrera, ni a territorializar un repertorio, ni mucho menos a definir una personalidad como intérprete. En realidad, inició el camino con entusiasmo, quizás probándose a sí mismo y sopesando las posibilidades de futuro que esto podría ofrecerle, pero esta alternativa quedó rápidamente truncada.

Resulta curioso el paulatino proceso que llevaba su vida hacia la asunción de la figura de intérprete. Arranca su actividad musical con el cuarteto Cantores del Trópico. La gira continental la realiza con el grupo reducido a un trío, y con intervenciones a dúo junto a Lauro. Después, lleva adelante el dúo con su esposa, y arriba a su actividad como solista.

En la introducción a una entrevista que ofreciera sobre esta actividad, un periodista lo ubica en el contexto nacional paralelo a Lauro, como se había hecho numerosas veces en los días de Cantores del Trópico: "Manuel Enrique Pérez Díaz, quien en la actualidad junto con Antonio Lauro constituyen nuestros dos más destacados guitarristas clásicos..."[35] Y esto fue así hasta la contundente irrupción de Alirio Díaz –el concertista central de toda su generación y el principal intérprete venezolano luego de Teresa Carreño–, quien comenzó estudios con Borges en 1945, terminándolos en 1950, para irse a desarrollar su carrera desde Europa.

En la misma entrevista, Pérez Díaz resume su vida artística, ofreciendo el balance de sus estudios, experiencias y aspiraciones:

> Comencé a estudiar guitarra en la Escuela de Música de Caracas en el año de 1933, cuando se abrió dicha cátedra; fue mi primer Maestro Raúl Borges. Sin embargo, no pude continuar con regularidad, ya que hacía frecuentes salidas al exterior y sobrevino la gira de los "Cantores del Trópico" hasta Chile.
>
> [...] Sí, María Luisa Anido fue después mi maestra, como sabrás, ésta es la mejor guitarrista de América; no tengo palabras con qué expresar mi gratitud a la profesora y compañera, la que jamás vio en mí una oportunidad de ganar dinero, sino que contrajo toda su capacidad de enseñar, para hacer de mí un guitarrista. María Luisa Anido llevará siempre en mí, el mejor de sus amigos y ojalá de sus discípulos.
>
> [...] He tenido dos grandes momentos en mi vida artística: cuando tuve mi primera guitarra buena y cuando cantamos [los Cantores] en la Plaza de Toros de Bogotá... recuerdo que había más de quince mil personas y el aplauso fue unánime, recuerdo haberles dicho a mis compañeros que ahora sí entendía cómo podía un torero hacerse matar por un toro, buscando estos aplausos [...].
>
> Pues ambiciono a tocar guitarra decentemente, a lo menos, aunque, ¡claro!, me gustaría ser un Segovia.

Para finalizar, el periodista expresa la esperanza que en él cifraba entonces el medio guitarrístico:

Pérez Díaz se ha consagrado definitivamente a sus estudios y sabemos que a la vuelta de uno o dos años, Venezuela exhibirá con orgullo uno de sus primeros guitarristas americanos. Son nuestros mejores deseos, de que su perseverancia y contracción den pronto sus frutos y esperamos ansiosos para batir palmas en la sala de nuestro primer coliseo, en su primera presentación como solista de guitarra.

Hecho significativo, Pérez Díaz fue el primer guitarrista venezolano en estudiar guitarra en el exterior y, por lo tanto, el primero que aportó influencias ajenas a la enseñanza de Borges. La información, ediciones y partituras que trajo consigo de Argentina, considerando la dificultad de conseguir publicaciones en el país, su experiencia al lado de Anido y, sin duda, su misma personalidad y su verbo, centraron sobre él la atención de sus condiscípulos.

Sus primeras presentaciones de esta etapa fueron a través de Radiodifusora Nacional, a partir de noviembre de 1947, con programas de una sola parte, de media hora cada una. No se conoce la carta que Pérez Díaz le envió a Anido comentándole estos conciertos radiales, pero en la respuesta se advierte que la maestra tenía plena conciencia del peligro que significaba su desmedido sentido autocrítico. En realidad, sus palabras se convirtieron en un oráculo del abandono de lo que pudo ser su desempeño:

Lo felicito de corazón por sus éxitos radiales. Muy hermoso (y merecido) el comentario de su último concierto. Así me gusta. *Adelante* pues, no se falsifique complejos... Es un consejo. El sentido de la autocrítica es bueno pero cuando la modestia lo exagera *anula*... No se critique tanto y verá que todo terminará por salir a gusto suyo...[36]

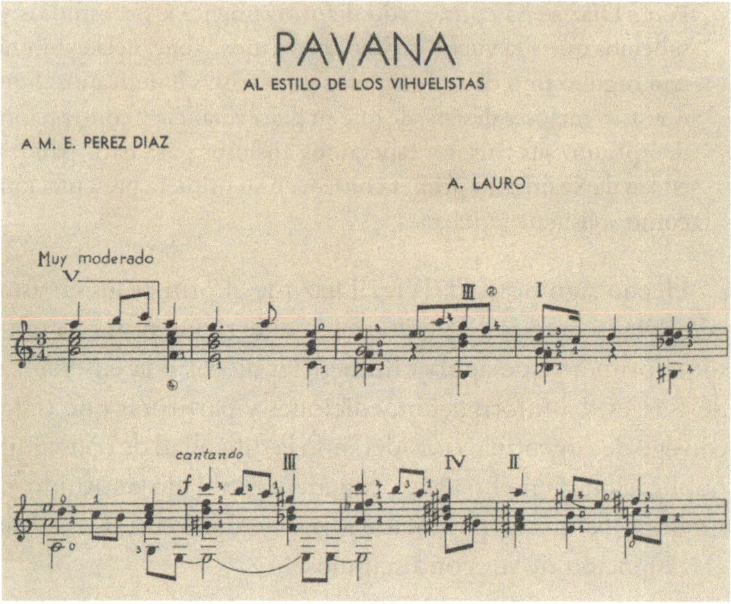

Primera edición de la Pavana al estilo de los vihuelistas, *de A. Lauro.* Composiciones para guitarra por autores venezolanos, *Ministerio de Educación Nacional. Caracas, 1952.*

Su relación con Lauro fue siempre cálida y estrecha, sintiendo sincera admiración y respeto por su condiscípulo. Por su parte, el compositor le había dedicado una de las primeras obras que se conserven en su catálogo definitivo, el valse-estudio *Petronila*, de 1936; y en una fecha que no se ha logrado precisar, la transcripción del *Petit Morceau* de Robert Schumann. Luego, exactamente el 24 de agosto de 1947, le dedicó una de sus composiciones más peculiares, la llamada primero *Pavana homenaje a Don Luis Milán*, cuyo título definitivo fue *Pavana al estilo de los viejos vihuelistas.* Lauro se encontraba en su etapa creativa más importante como compositor y, de hecho, obtuvo con ella el Premio del Concurso Oficial Anual de Música, del Ministerio de Educación, lo que significó la primera obra de guitarra honrada por el Estado venezolano, en términos institucionales, a quince años del nacimiento de los estudios oficiales del instrumento. Pérez Díaz, quien vivía su mejor momento como ejecutante, la estrenó en los actos de fin de curso de la Escuela Superior de Música, en los cuales participaban los alumnos sobresalientes y se presentaban las obras premiadas del concurso oficial.

El poeta y crítico musical Israel Peña, en el artículo que reseñaba el acto, luego de comentar la participación de diversos alumnos, entre quienes se encontraban Alirio Díaz y Rodrigo Riera, señaló, entre otros aspectos: "La ejecución de la primera obra premiada –*Pavana* de Antonio Lauro– estuvo a cargo del exquisito guitarrista Manuel Enrique Pérez Díaz, quien la interpretó con una precisión y una finura admirables..."

Programa de concierto.

Desde entonces y en particular en 1949, se presentó en diversos centros educativos y culturales, como la Universidad de los Andes, el Ateneo de Trujillo, el Ateneo de los Teques, la Sociedad Pro Arte Musical, el Salón de Lecturas de Rubio, el Auditorio de la Escuela Superior de Música de Caracas, la Sociedad Larense de Conciertos y el Ateneo de Coro. Eran conciertos organizados por él mismo, efectuados en los intersticios de diversos trabajos no relacionados con la música, ya que tuvo que emplearse hasta en una compañía transnacional vinculada al aluminio, desde marzo de 1948 hasta abril de 1955, ya que no lograba subsistir con su actividad artística.

Emulando lo que hacía Segovia en sus conciertos, Pérez Díaz incluía una nota de advertencia en los programas de sus recitales:

> La guitarra no es instrumento DE FUERZA: su pequeño volumen de sonido (SUAVE, ÍNTIMO) está compensado con creces por la variedad y belleza de sus matices; el menor ruido apagaría esos matices destruyendo el encanto.
>
> Por otra parte el ejecutante necesita tener la seguridad de que el sonido llega a todos los oyentes, para así sentir la confianza precisa y no exigir de su instrumento mayor volumen del que tiene. Se ruega, pues, un RIGUROSO SILENCIO durante las interpretaciones de las obras.

Aseveraban, quienes lo escucharon durante esos años, que poseía un hermoso sonido y gran musicalidad, como por ejemplo el guitarrista marabino Ciro Adarme: "Era un hombre muy fino con su instrumento, tenía un sonido muy bello, expresaba mucho". Si bien su repertorio no fue muy extenso, ni de grandes dificultades técnicas, ofrecía interés guitarrístico, como lo muestran dos audiciones llevadas a cabo en el Salón de Lectura de San Cristóbal, patrocinados por la Sociedad Pro Arte Musical, la primera efectuada el 20 de junio de 1949:

Primera parte	
F. Sor	*Introducción, tema y variaciones*
	Minueto
	Dos estudios
	-Si menor
	-Sol mayor (*Tamboril*)
M. Llobet	*Testamento de Amelia*
Segunda parte	
W. A. Mozart	Minueto de *Don Juan*
D. Scarlatti	*Sonata*
A. Lauro	*Pavana al estilo de los vihuelistas*
H. Villa-Lobos	*Preludio Nº 3*
M. L. Anido	*Bailecito*
Tercera parte	
J. Turina	*Fandanguillo*
R. Sainz de la Maza	*Boceto andaluz*
I. Albéniz	*Granada*
	Leyenda

Mientras que incluyó en la segunda, el 22 de junio:

Primera parte	
F. Ferandiere	*Rondó*
N. Coste	*Estudio Nº 22*
F. Sor	*Dos minuetos*
	-La menor
	-Re mayor
F. Tárrega	*Sueño*

Segunda parte

J. F. Haendel	*Zarabanda*
J. S. Bach	Dos preludios -Nº 1 de *El clave bien temperado* -Original para laúd Preludio (*Suite IV para violonchelo*)
M. M. Ponce	*Canción Nº 2* *Petite Valse*

Tercera parte

E. Granados	*Danza española Nº 5*
R. Sainz de la Maza	*El vito*
J. A. Donostia	*Dolor*
I. Albéniz	*Torre bermeja*

En estos conciertos utilizó una guitarra Antonio Emilio Pascual, de 1947, que fue su preferida durante todos esos años, si bien poseía otros instrumentos de constructores de renombre, como una José Ramírez que había pertenecido a Segovia, construida en 1965, y otra de 1976; una Yamaha de concierto de 1971, y Jesús Belezar de 1969, 1970 y 1975. Muchas de estas guitarras fueron encargadas o escogidas por Regino Sainz de la Maza, ya que habían entablado una estrecha amistad, durante las cuatro visitas que realizó el concertista castellano a Venezuela, entre 1934 y 1952. Pérez Díaz alababa con entusiasmo la vasta cultura y su notable conocimiento del instrumento. En una grabación "casera", hacia 1975, en la que escoge y comenta una antología de la guitarra, confesó: "Con Regino me unen lazos de amistad y afecto, y quiero hacer constar la profunda admiración que siento por su gran personalidad artística".

El constructor Antonio Emilio Pascual. España, 1949.

La influencia del español sobre el venezolano puede rastrearse en diversas facetas de la vida de éste. Una de ellas fue la del conferencista, actividad para la cual mostraba también facilidad, por la gracia de su verbo. Su modelo habían sido las de Sainz de la Maza, a partir de la primera realizada el 27 de julio 1936, en la Escuela de Música y Declamación, titulada "Historia de la música a través de la guitarra". En una nueva visita, el 4 de abril de 1950, dictó otra charla, "Los primitivos de la música instrumental", en la misma institución, ya entonces llamada Escuela Superior de Música, interpretando ejemplos de vihuelistas. Casualmente fue también un 27 de julio, pero de ese mismo 1950, cuando Pérez Díaz ofreció su primera conferencia-concierto en el mismo escenario, con un tema bastante amplio: "De la vihuela y la guitarra en la historia de la música". Dada la coincidencia y vecindad con las pre-

sentaciones del maestro castellano, el expositor comenzó la suya con una advertencia que caracteriza su personalidad:

> Gentiles amigos:
>
> Vibran todavía en este recinto las sonoridades admirables de la guitarra de REGINO SAINZ DE LA MAZA y fresca está en nuestra mente su palabra erudita. Presentarnos ante ustedes con el mismo propósito no es ya una responsabilidad sino una franca osadía. Sirva de excusa el hecho de que con bastante anticipación a la llegada de este gran artista, nuestro proyecto estaba en marcha y habíamos dado comienzo a nuestro pequeño trabajo, no por un deseo mezquino de exhibicionismo, sino con la sana intención de iniciar una campaña en pro de la guitarra.
>
> La llegada de Sainz de la Maza fue para nosotros oportunidad maravillosa en vez de obstáculo; sus palabras y su guitarra, franco estímulo en vez de motivo de apocamiento, y su ejemplo algo muy digno de imitar en la medida de nuestras escasas posibilidades.
>
> No vengo con el propósito de deslumbrar, pues no tengo con qué hacerlo: solamente a leer unas pocas líneas pergeñadas al azar y luego a tratar de hacerles oír unas cuantas obras para guitarra. Respecto a las palabras, fueron revisadas casi en su totalidad por Sainz de la Maza, aprovechando su estada en Caracas y su generosa amistad, y en cuanto a las ilustraciones musicales nos sentimos animados por aquellas frases del gran educador Domingo Faustino Sarmiento, cuando dijo: "Las cosas, hacerlas mal, PERO HACERLAS".

La frase con que concluye esta introducción era innecesaria y perniciosa, pero no lograba frenar su fuero interno, el de una persona perfeccionista, minuciosa y exigente, movida por una manifiesta insatisfacción e inseguridad. Sainz de la Maza, dando cuenta de conocer el texto, le comentó en una carta:

Te agradezco mucho la alusión que haces en el preámbulo de tu conferencia a la mía, que me deja ver los efectos de una amistad que te lleva a agrandar mis módicos merecimientos y nubla tu agudo juicio, bien manifiesto en esa misma charla que he vuelto a leer con gusto. Te felicito y no dudo que dejarías bien puesto el pabellón de la guitarra por cuya causa batallas, batallamos...[37]

En esta conferencia, Pérez Díaz retomó la idea del silencio y de lo delicado del sonido de la guitarra, y advertía con cierta audacia poética:

La guitarra... ya lo han expresado otros, NO es un instrumento de fuerza como el piano: es un instrumento de *matices*; necesita y exige un silencio absoluto y reverente y un oído atento y refinado para captar las sutilezas de sus matices. Quien la pulsa no debe pedirle mayor volumen del que tiene ni tratar de adaptarle obras con las cuales no puede. Piénsese que para orar no son imprescindibles las catedrales ni se necesita elevar la voz hasta los techos sino hasta Dios... que para oír no se necesitan tempestades: bastan los susurros de la brisa.

En la primera parte del evento ofreció su charla y en la segunda, el siguiente programa como ejemplo musical de lo comentado:

Primera parte

Giles Farnaby	*His Rest* (original para laúd)
L. Milán	*Dos pavanas*
L. Narváez	*Diferencias sobre "Guárdame las vacas"*
A. Lauro	*Pavana al estilo de los vihuelistas*
R. de Viseo	*Suite en Re menor*
Fernando de Ferandiere	*Rondó*

F. Tárrega	*Sueño*

SEGUNDA PARTE

J. S. Bach	*Zarabanda* de la *Suite I para laúd*
D. Scarlatti	*Sonata*
F. Sor	*Introducción, tema y variaciones*

TERCERA PARTE

M. Llobet	*Melodía popular catalana*
M. M. Ponce	*Canción popular mexicana*
M. L. Anido	*Bailecito del norte argentino*
M. E. Pérez Díaz	*Guasa venezolana*
A. Lauro	*Valse venezolano*

Ofrece un nuevo concierto-conferencia en la misma escuela, el 15 de diciembre de 1950, tomando como tema a Francisco Tárrega, de quien interpreta: *Lágrima, Oremus y Endecha*, los *Preludios* 5 y 6, dos mazurcas, y las conocidas piezas *Capricho árabe* y *Recuerdos de La Alhambra*. El texto de esta conferencia fue publicado varias veces, incluso en la revista *Biblioteca Fortea* de Madrid, en 1951.[38] No hay que olvidar que el interés y admiración, aparte del mérito indiscutible que se demuestra en ese mismo escrito, no dejaba de lado el hecho de que se sentía heredero de la enseñanza tarregueana a través de Anido y de su maestro Llobet, vertiente genealógica que estuvo siempre presente en la visión guitarrística de Pérez Díaz.

También Segovia, en una de sus siete visitas a Venezuela –en particular en la de 1949–, lo entusiasmó a que siguiera presentándose. La anécdota se puede reconstruir cruzando diversas fuentes, en particular José Rafael Cisneros.[39] Varios de los guitarristas criollos se reunieron con el concertista español, quien, luego de oírlos tocar a todos, le preguntó a Pérez Díaz por qué no daba conciertos si tenía tan buen sonido y musicalidad. Su respuesta, modesta como siempre, fue que no poseía el virtuosismo de Alirio Díaz o de Lauro. El gran andaluz le sugirió, entonces, que montara el repertorio que ejecutara bien y que ofreciera conciertos, pues tenía mucho que decir.

Ministerio de Educación Nacional - Dirección
de Cultura y Bellas Artes

Escuela Superior de Música

Homenaje a

Don Francisco Tárrega

(1852-1909)

Conferencia - Concierto

por el guitarrista venezolano

Manuel E. Pérez Díaz

el viernes 15 de diciembre de 1950 a las 9 y 15 p. m.

Tema de la Conferencia: "Tárrega".

Programa Musical

(Obras de Tárrega originales para la guitarra).

a) Lágrima
b) Oremus y Endecha
c) Preludios Nos. 5 y 6.
d) Dos Mazurcas
e) Capricho Arabe
f) Recuerdos de la Alhambra

Por su parte, Sainz de la Maza, siempre acertado en su percepción psicológica del venezolano, le escribió en 1950: "También tú puedes hacer mucho si no pierdes confianza en ti y en tu trabajo y desarrollas tus magníficas dotes latentes, tu sensibilidad..."[40] Sin embargo, las ya citadas recomendaciones de Anido, las palabras de Segovia y Sainz de la Maza, de no poca monta, no lograron convencerlo. Quizás tuviera todo esto en mente mientras escribía, en esos mismos días, su ensayo sobre el guitarrista romántico valenciano, en quien proyectó sus propias angustias artísticas, ponderando talento, esfuerzo y resultados, los que no sentía a su favor: "Aunque estaba superdotado y podía obtener fácilmente un buen resultado material de sus aptitudes, vivió y murió en pobreza franciscana por sentirse siempre irresistiblemente atraído hacia los ambientes íntimos de discípulos y amigos en vez de las giras triunfales y productivas".[41]

Durante esta época, fue abundante la correspondencia entre Pérez Díaz y Sainz de la Maza. El venezolano se había hecho intermediario, promotor amistoso, de su nueva visita a Venezuela, que tendría una importancia histórica. Se deseaba estrenar en el país del *Concierto de Aranjuez* que Joaquín Rodrigo le había dedicado en 1939, y que el castellano había estrenado un año más tarde en Madrid, y luego grabado dos veces. A más de esto, tanto concierto como solista habían sido propuestos a la Orquesta Sinfónica Venezuela por Antonio Lauro –quien formaba parte de sus atriles como percusionista–, lo que constituiría por demás su debut como director. Era la primera vez que un guitarrista ocuparía el rol de solista junto a esta orquesta y, por ende, la primera interpretación de un concierto de guitarra y orquesta en el país.

Sainz de la Maza respondió desde Madrid con entusiasmo, el 6 de noviembre de 1951, haciendo de paso referencias a su nuevo discípulo Alirio Díaz, a quien consideraba ya como su mejor alumno, quien tenía un escaso año en sus aulas:

> La noticia de que Lauro dirigirá la Sinfónica y de que ha pensado en el *Concierto de Aranjuez* y en mí, me colma de gozo.
>
> [...] Me ilusiona de veras eso de colaborar con Lauro y de que tú seas el introductor. Ojalá pueda realizarse. Creo que quedaríamos muy bien todos y haríamos algo brillante.
>
> Voy a procurar enviarle a Lauro la partitura uno de estos días. Dile que no se preocupe, que una vez yo ahí, lo montamos en dos o tres ensayos con todas las garantías.
>
> [...] Que se confirme ese proyecto de Lauro-director, y que pueda yo participar en su triunfo y celebrarlo junto a vosotros.

Sin embargo, por esos mismos días, Lauro fue encarcelado –por casi un año completo– ya que formaba parte activa en la oposición al régimen dictatorial de Marcos Pérez Jiménez, y no se pudo realizar lo propuesto. A partir de entonces, Pérez Díaz y Juan Padrón, farmaceuta, violero aficionado y suerte de mecenas de la escena guitarrística venezolana, manejaron los contactos con la orquesta y otros entes culturales para hacer posible la que sería la cuarta y última visita de Sainz de la Maza a Venezuela. El *Concierto de Aranjuez* se estrenó, finalmente, en el Teatro Municipal de Caracas, dirigido por Ángel Sauce, también discípulo de composición de Sojo, el 21 de marzo de 1952.

En marzo de 1953, Pérez Díaz compuso y grabó la música incidental de la obra *Muros horizontales*, del dramaturgo venezolano Román Chalbaud –su segunda obra–, escenificada por El Teatro del Búho, en Caracas y Valencia, en mayo del mismo año. En 1954, además, ofreció presentaciones en Radiodifusora Nacional y dio conciertos en zonas petroleras zulianas, interpretando repertorios similares a los de esos años, sumando apenas unas pocas obras tales como:

Anónimo italiano s. XVI	*Canzone*
H. Villa-Lobos	*Estudio*
F. Mendelssohn	*Romanza sin palabras*
Moreno Torroba	*Burgalesa*
E. Sainz de la Maza	*Campanas del alba*
R. Sainz de la Maza	*Andaluza*
I. Albéniz	*Sevilla*

Durante estos conciertos en el Zulia, declaró a la prensa, luciendo siempre su pudor:

> –Apenas puedo considerarme algo más que un buen aficionado. Eso sí: con mucha fe y una gran devoción por la guitarra, de la que, a pesar de todo, no vivo. Porque no es posible. Tendría que ser Andrés Segovia o Regino Sainz de la Maza... Pero no me considero compositor. Con *Serenata* me sonó la flauta. Eso fue todo...
>
> –¿Desde cuándo da conciertos?
>
> –Bajo mi responsabilidad, desde que volví de Buenos Aires. Antes había dado algunos; pero no formalmente.[42]

Sus últimas actividades como intérprete las realizó entre 1955 y 1957, presentándose en Barquisimeto, en la Universidad de los Andes de Mérida, en el Ateneo de Coro, en El Tigre, en San Felipe y en Maracaibo. Todavía, en marzo de 1963, interpretó la música incidental de la obra *Delito en la isla de las cabras*, del italiano Ugo Betti, con el grupo de teatro La Quimera, bajo la dirección de Walter Martínez Arredondo, y en la cual Amalia Pérez Díaz era la protagonista. Interpretó obras de Heitor Villa-Lobos, José Sirera, Miguel Llobet y composiciones propias.

Panamá, 1944.

Alfredo Sadel, nombre artístico de Alfredo Sánchez Luna, nació en Caracas, el 22 de febrero de 1930. Se inició como cantante muy joven en emisoras locales de la capital, para realizar una exitosa carrera en el ámbito popular y más tarde como cantante lírico. Desde que grabó *Diamante Negro*, de José Reyna, en 1948, conquistó un éxito de público que lo acompañó siempre. Estrenó numerosas obras de autores nacionales, actuó en cine, vivió y trabajó por un tiempo en los Estados Unidos. Recorrió muchos países como personaje de zarzuelas y óperas, y grabó numerosos discos para diversos sellos disqueros, incluso extranjeros. Ha sido una de las figuras musicales más queridas por el pueblo venezolano y, sin dudas, el cantante principal de su época.*

En el artículo "Alfredo Sadel: Cantor Venezolano", escrito hacia septiembre de 1951, Manuel Enrique Pérez Díaz detalló los primeros años profesionales del cantante. Entonces, daban inicio a un dúo de voz y guitarra, que duraría un escaso año, según los primeros arreglos que para este fin realizó el guita-

* Murió en Caracas, el 28 de junio de 1989.

rrista, ese mismo agosto.* En el texto se adelanta con certeza, y fue quizás el primero en hacerlo, el brillante futuro artístico del cantante, fijando su autoridad para emitir su opinión:

> [...] Aparte de algunos apuntes prácticamente inéditos y dedicados a la guitarra culta, nunca hemos escrito ni opinado para el público. El haber "bregado duro y parejo" como parte integrante del trío los Cantores del Trópico, nos da un poquito de experiencia y nos obliga a elevar nuestra voz de aliento junto con nuestro franco aplauso, para estimular a esta auténtica promesa de la canción venezolana...
>
> No hace todavía un mes, ya finalizando sus actuaciones en Fiesta Fabulosa (radio) y con motivo de unos ensayos, tuve la ocasión de conocer al referido artista. El hecho de estar preparando una serie de canciones venezolanas para voz y guitarra me ha dado en pocos días oportunidad de aquilatarlo mejor que muchos meses de amistad superficial. El ensayo de una voz y una parte de guitarra escrita y no improvisada es muy distinto al tipo de ensayo corriente con una orquesta, conjunto o pianista acompañante; deja de ser un "ensayo" para transformarse en estudio dificultoso y de cuidado. Hay que "hacer" la obra, para la voz y para la guitarra; equilibrar matices y sonoridades, asegurar y repetir pasajes hasta la monotonía, equivocarse muchas veces consecutivas, para empezar después a hacerlo bien. Eso trae automáticamente cierta intimidad artística, elimina cualquier "pose" y obliga a la sinceridad. En consecuencia, de dichos ensayos, hemos podido sacar la conclusión de que en Alfredo Sadel, a sus dotes vocales innegables, se añaden un afán ambicioso y casi maniático de superación, tenacidad y voluntad firmes para no flaquear en el trabajo ni en el estudio, exquisito buen gusto para diferenciar en el acto la canción de moda de la canción bella... aunque él esté cantando solamente "la de moda" para complacer al público que la impone... musicalidad

* No obstante, el artículo fue publicado mucho más tarde sin indicar la fecha original.

> intuitiva para muchas veces criticarse y corregirse a sí mismo y ¡cosa rara y aunque muchos lo cataloguen de bolerista! admiración sin límites por NUESTRAS CANTURÍAS que él está convencido de pasear por el mundo, algún día, como su repertorio fuerza.
>
> Alfredo Sadel tiene 21 años. 21 años y en vez de guayabera de seda artificial usa doble camisa de lana para protegerse el pecho. 21 años, y en vez de aspirar cigarrillos rubios es capaz de dejar prácticamente de hablar 24 horas para tener descansada la garganta para cantar mañana una romanza... 21 años y deja el cine o el cabaret o el billar para meterse en cama a las seis de la tarde, porque al siguiente día cantará La Hora de la Opera...!
>
> Tiene derecho de llegar a la cumbre. ¡Cuando llegue, estaremos orgullosos de haberle ofrecido nuestra amistad desde ahora, y también de haberle acompañado unos cuantos cantares con la modesta sonoridad de nuestra guitarra...!

Con el mismo entusiasmo, Pérez Díaz arregló otras obras, entre ellas su propia *Serenata* y algunas del repertorio que había cantado con Cantores del Trópico y con su dúo Amalia y Manolo, tales como *Deseo* de Eduardo Serrano y *Esta noche serena*, proveniente del vasto catálogo de armonizaciones de música tradicional realizado por Vicente Emilio Sojo. Asimismo, *Yo no tengo la culpa* del mismo Sadel, y otras varias, las cuales aún se conservan, si bien, en su mayoría no concluidas. De igual manera, escribió o arregló para tenor y guitarra obras de su autoría, como la serenata *Llanto* y el pasodoble *Torero*, dedicado al venezolano César Girón. Este repertorio responde a lo mejor de su talento, ya que exhibe tanto vena lírica como melódica, además de conocimiento de las posibilidades instrumento y gusto por la música popular venezolana.

Debutaron en el Teatro Nacional, el 22 de marzo de 1952, concierto que fue transmitido por la emisora Ondas

Alfredo Sadel: Para mi guitarra! Recuerdo de tu voz. Caracas, c. 1952.

Populares, lo que fue la primera presentación de Sadel en ese teatro, ya antes de partir a los Estados Unidos, donde viviría por algunos años*. El programa estuvo dividido en dos partes, la primera, titulada "Canciones del repertorio universal", acompañado por el pianista Antonio J. Ramos, mientras que en la segunda, "Canturías venezolanas tradicionales y de autores contemporáneos", por Pérez Díaz:

* Bendahan (1997) asegura que el primer viaje de Sadel a los Estados Unidos se efectuó en 1950, lo que no coincide con el texto de Pérez Díaz.

V. E. Sojo (arreglo)	*La serenata*, canción antigua venezolana
M. E. Pérez Díaz	*Anhelos*, valse
N. Lucena	*Endrina*, canción larense[*]
Guevara - L. A. Larrain	*Manos implorantes*, valse
M. E. Pérez Díaz	*En la negra espuma*, serenata
Anónimo	*La Mónica Pérez*, joropo

El trabajo con Pérez Díaz fue en extremo provechoso para Sadel, a pesar de que no lograron organizar sino unas pocas presentaciones, grabando unos primeros discos de 78 rpm. El guitarrista, dada su experiencia como músico popular y, de manera evidente, al pertenecer al entorno de Borges y Sojo, sirvió de primer conductor y guía del cantante por los caminos de la música tradicional venezolana. Como prueba de su agradecimiento, Sadel le escribió en un retrato, el 31 de enero de 1952: "No podía Dios concederme mayor sueño que éste que alimenté durante tanto tiempo y que tu guitarra, tu esfuerzo y tu talento, me han ayudado a realizar. Concretado casi ya ese anhelo de música venezolana, te dedico esta foto como recuerdo de los ensayos y grabaciones. Alfredo [firma] *Tu voz*". En otras ocasiones, reiteraría la metáfora con que cifraba su amistad artística: "A mi guitarra, recuerdo de tu voz".

Veinte años más tarde, en 1970, se reunieron de nuevo para grabar un disco de larga duración, que precisamente

* En la contraportada de un disco antológico del cantante se afirma que en 1951 había realizado la "grabación de la primera versión fidedigna de *Endrina*, acompañado a la guitarra por M. E. Pérez Díaz". En efecto, esta obra forma parte de un disco de 78 revoluciones, de la casa REHA, de ese año, en cuya cara posterior se incluyó la *Serenata en esdrújulas* de Vicente Emilio Sojo, la que se piensa fue la tercera obra de este maestro originalmente escrita para guitarra, en este caso como acompañante de la voz.

llamaron *Guitarra y voz*, editado por el Congreso de la República como regalo institucional de Navidad, gracias a la iniciativa de José Antonio Pérez Díaz, entonces presidente de la Asamblea.* El álbum incluye por un lado piezas para canto y guitarra, todas de Pérez Díaz, y por el otro, las obras para guitarra que más había ejecutado en sus días como solista:

LADO A	
SOLISTA	
F. Sor	*Minueto*
	Estudio Nº 10 (Tamboril)
F. Tárrega	*Preludio*
	Oremus
	Endecha
	Recuerdos de La Alhambra
M. Llobet	*Testamento de Amelia*
J. A. Donostia	*Dolor*
H. Villa-Lobos	*Preludio Nº 1*
M. E. Pérez Díaz	*Rococó*
	Bordoneo
LADO B	
CON SADEL	
M. E. Pérez Díaz	*En la negra espuma*
	Serenata
	Anhelos
	Serenata pueblerina
	El pregón de los merengues

El disco incluye un comentario de su hermano sobre el repertorio, en el cual cita palabras del mismo guitarrista,

* Además, el guitarrista y cantante Rafael Sánchez Gamboa fungía, a su vez, como director de administración del Congreso.

Guitarra y voz, *Congreso de la República de Venezuela, Caracas, 1970.*

que documentan una vez más una humildad que no oculta la autocrítica:

> Por razones obvias, o más bien por fraternal respeto e imperativo ético, nos sentimos obligados a declinar comentarios en torno a las composiciones y ejecución de Manuel Enrique. Permítasenos hacer uso de unas líneas tomadas en préstamo de una carta suya.
>
> *Rococó* y *Bordoneo* cierran el lado A de este microsurco; la primera viene definida por su autor como "una especie de miniatura o caricatura de un minué, ya casi descrito en su nombre: Rococó..." De *Bordoneo* "...como su nombre lo indica,

está construido casi todo sobre los bajos o bordones y creo que sugiere por allí un airecito de joropo".

[...] La interpretación instrumental del conjunto de composiciones nos llega también descrita así por el propio ejecutante: "Mi tañido nada tiene de virtuosismo. Siempre he estado a una distancia astronómica de lo que se entiende por virtuoso; los que busquen virtuosismo en las interpretaciones van a quedar defraudados; hay notas borrosas, pasajes oscuros y hasta uno que otro sonido interpolado por roces involuntarios..., pero las obras van tocadas con honestidad y con franco interés de serle fiel a la intención del autor o autores. He tratado de proceder con buen gusto (dentro de mi criterio personal) y he procurado que mi guitarra 'cante' aun cuando ella no tenga facultades de prima-donna. En un sentido general, procuro seguir la mayoría de los consejos que yo mismo doy a mis discípulos..."

Como ya tenía más de diez años retirado de la actividad de conciertos, y estaba dedicado a la docencia, la realización de este disco significó un notable esfuerzo físico y mental. Su resultado es una buena muestra de sus búsquedas expresivas como intérprete, sus cualidades musicales, si bien no era un virtuoso, como él mismo recalcaba con tanta insistencia. No obstante, sin necesidad alguna, propició su propia crítica, conminando a sus oyentes a concientizar los pequeños errores y fallas de ejecución, los cuales muchos no estarían en capacidad de percibir. Se sentía obligaba a ello, como ya se ha señalado varias veces, porque lo entendía como "sinceridad", honor a su abuelo chelista, y que tan *à la lettre* se había tomado como filosofía de vida. No en balde, cuando el crítico musical Eduardo Lira Espejo comentó el disco, terminó glosando las palabras del guitarrista para alabarlo:

Lo grato, la atmósfera simpática de este disco es el hecho de que no se trata de interpretaciones que tan a menudo aparecen

Alejandro Bruzual

como algo cabal, de inigualable pulcritud, porque ellas son vertidas por personalidades primerísimas de ejecutantes y de intérpretes, además de que las grabaciones fueron sometidas a largos procesos de repeticiones y de rectificaciones, en el afán de pulir extremadamente el trabajo hasta conseguir lo perfecto. En este caso, diríase que dos talentosos intérpretes amigos penetran en la intimidad del hogar animados para regocijarnos bondadosamente con sus dones mejores, aquellos que tuvieron por disposiciones innatas y luego sometieron a un largo y paciente engranaje de estudios, de goces y sacrificios diversos. Sólo así lograron esa propiedad de comunicación que distingue al verdadero intérprete. Merced al obsequio del señor Presidente del Congreso de la República se produjo el reencuentro con el arte de Manuel Enrique Pérez Díaz. Cual si estuviera en su cátedra rodeado de discípulos –él, que ha formado a tantas y magníficas generaciones de guitarristas–, deja oír sus versiones sin importarle deslices que otros, aquellos consagrados concertistas, se amedrentarían al sucederle. Es que Manuel Enrique se sabe no ser un virtuoso, pero en lo íntimo de sí, exalta la virtud suprema de saberse músico de verdad. Reconoce notas borrosas, pasajes oscuros y hasta uno que otro sonido interpolado por roces involuntarios, deficiencias que no impiden el logro esencial del buen intérprete, logro que se traduce en servir con lealtad a la música y hacerlo con calidad y elegancia espiritual.

Esta grabación fue la última huella de su actividad como ejecutante y, una vez más, resumen de su experiencia anterior.

Manuel Enrique Pérez Díaz se interesó también en el funcionamiento de los medios de comunicación masiva, la radio y la televisión. Ya con su pasajera experiencia en *Ondas Populares*, se propuso obtener el título de locutor, lo que alcanzó en septiembre de 1947. Por una nota de prensa, de ese mismo año, también se sabe que se inició con éxito como actor radial.[43]

No obstante, si todo esto fue pasajero, destacó su actividad como director artístico de Ondas del Lago, a partir de marzo de 1956,[44] con Enrique Ascanio Buroz como director de la emisora. Desde enero de ese mismo año, también en Maracaibo, se había anunciado el inicio de una estación televisiva homónima, lo que fue postergado durante meses. Se anunciaban "programas elaborados en los estudios de Ondas del Lago a base de talento vivo y recursos propios –artísticos, comerciales y técnicos– de esta ciudad [...], alternados en horas determinadas con los programas de interés nacional que produce la televisión de Caracas".[45] Finalmente, en noviembre de 1956, fue designado director artístico de la misma, apareciendo luego como coordinador de la estación dirigida por "Pumarol". La programación sólo salió a prueba comercial a partir de mediados de febrero de 1958.

PEREZ DIAZ NOMBRADO DIRECTOR DE ONDAS DEL LAGO-TELEVISION

Los programas de la Televisora comenzarán en enero

El prestigioso güitarrista, compositor y artista venezolano Manuel Enrique Pérez Díaz se encargó de la Dirección Artística de "Ondas del Lago TV", cuyos programas comenzarán —de acuerdo con los cálculos— el próximo mes de enero.

Los preparativos de la inauguración ya están en marcha, —según nos dijo él mismo— y se espera contar con todos los elementos que convienen al éxito en el mismo minuto de la salida a los canales de video.

—¿No más guitarra?

Manuel Enrique sonríe. Acaso la pregunta sonaba en sus oídos como aquella otra ¿te divorciaste?

—La guitarra no la dejo por nada del mundo. La traje conmigo.

Eso sí, no sabe si dejarla para serenatas o para intentar un come back de cuerpo entero.

—Es muy probable que actúe en algún programa, si me queda tiempo. Mi verdadera intención es trabajar entre bastidores, es la verdad.

"Ondas del Lago" televisión comenzará con telecine, control remoto y noticieros.

—Para algunas escenificaciones —agregó— se aprovecharán exteriores naturales de la ciudad, según la idea de Nicolás Vale Quintero. Igualmente se llevarán al video la mayoría de los programas de talento vivo de la radioemisora.

El trabajo de Pérez Díaz ha comenzado. Vino para quedarse de una vez y adelantar la organización de la televisión de "Ondas del Lago". El aplaudido autor de "Serenata" sostiene que los programas estarán a la [illegible] de los mejores que se producen en el país.

Manuel Enrique Pérez Díaz, autor de la popularísima canción venezolana "Serenata", calificado guitarrista, compositor y artista de radio y televisión, vino para quedarse como Director Artístico de "Ondas del Lago TV". Directamente lo confirmó a Campos-Martínez.

Entrevista a Guillermo Campos Martínez. Maracaibo, 1958.

En una entrevista a raíz de su nuevo cargo, un periodista le preguntó: "¿No más guitarra?", y él le respondió, dejando constancia de la fidelidad de su vocación:

–La guitarra no la dejo por nada del mundo. La traje conmigo.

Eso sí, no sabe si dejarla para serenatas o para intentar un *come back* de cuerpo entero.

–Es muy probable que actúe en algún programa, si me queda tiempo. Mi verdadera intención es trabajar entre bastidores, es la verdad.[46]

Poco tiempo después, el 22 de mayo de 1957, ofreció un recital en la biblioteca del Club Shell, de la empresa holandesa radicada en esa misma ciudad para explotar concesiones petroleras en el estado Zulia. En una nota de prensa, en la cual se halaga su concierto, el cronista deja traslucir que había percibido la marcada severidad que se imponía a sí mismo el intérprete, en particular cuando hablaba de su capacidad: "Como se esperaba, Manuel Enrique Pérez Díaz reapareció reeditando su clase magistral de guitarrista. Se dio cuenta él mismo de que todavía queda intérprete para rato..."[47]

El 30 de abril del año siguiente, se anunció por prensa que dictaría clases del instrumento por televisión:

> "Clases de guitarra en Televisión" es un programa de verdadero interés para los aficionados a este difícil instrumento, y público en general, consistente en clases de guitarra ilustradas con ejemplos vivos. Los alumnos destacados del programa irán siendo presentados por televisión, como un estímulo a sus adelantos artísticos. Se harán exámenes y conciertos especiales a medida que progresen los alumnos.
>
> Pérez Díaz, excelentemente documentado, hará intervenciones sobre los grandes músicos y compositores.[48]

Aunque no se tiene más información sobre el destino de este canal ni sobre su actividad televisiva, José Antonio Pérez Díaz afirmaba que su padre había invertido algún capital para favorecer a su hermano en esas nuevas lides profesionales.[49] Quizás se refiriera a que, en abril de 1959, fue a México a realizar estudios sobre medios de comunicación. En la carta

Junto con su padre, Manuel Leopoldo Pérez Castro.

de recomendación de Nicolás Vale Quintero, dueño de los dos medios marabinos, se señala que el objetivo de su viaje era "prepararse en el ramo de Televisión, en especial, en Dirección de programas, Coordinación, etc. etc., para tan pronto esté listo regresar a ésta a seguir colaborando conmigo". Se inscribió en la Escuela de Arte Dramático del Instituto Nacional de Bellas Artes, de Ciudad de México.

Una nota de prensa, publicada en Maracaibo, agrega información sobre las circunstancias de su viaje:

> [...trabaja como] coordinador de programación de Ondas del Lago Radio y T.V. y también en la dirección artística de su departamento de televisión. Pero Pérez Díaz se fue a Méjico a estudiar. Desea aprovechar un buen tiempo en observar los adelantos técnicos de la radio y televisión mejicanas. Especialmente es asiduo de Televicentro y el Columbia College, salas de teatros y demás centros dedicados a este ramo. Espera darse así una buena pulida en menesteres de su profesión. Bajo la

dirección del profesor Roberto Renny, en un cursillo intensivo de Dirección Escénica en Bellas Artes y probablemente otro de Escenografía, nuestro coterráneo espera rendir unas magníficas notas en el delicado aprendizaje, que, según cálculos, le llevará tres meses consecutivos [...].[50]

En efecto, obtuvo un diploma como Director de Programas de Televisión y Director de Arte Dramático, en la Escuela de Arte Teatral de México, correspondiente al curso de verano de

Amalia Pérez Díaz con sus hijos Manuel Antonio, Carlos y Amalyn.

1959. Sus calificaciones fueron, sobre 10 puntos: Actuación 10, Dirección 8, Dicción 8, Promoción 8, Composición dramática 7, Escenografía 8, Teatro infantil 10, Guiñol 10. Además, aprovechó su permanencia en México para dar un concierto en la propia escuela. Su director, Dagoberto Guillomin, afirmó: "La brillantez de su ejecución en el concierto de guitarra, que ofreció en nuestra Escuela de Arte Dramático del INBA, me inclina a desearle y a augurarle mucho éxito en sus próximas actuaciones". Asimismo, ofreció un concierto-conferencia en la Casa de la Cultura de la Juventud del Instituto Nacional de la Juventud Mexicana, el 8 de octubre, titulada: "La guitarra como instrumento noble", ejecutando ejemplos musicales que fueron desde el siglo XVI hasta su presente.

Sin embargo, ya de regreso en Venezuela, no trabajó en este campo ni llevó adelante estas labores, quizás porque fracasó el proyecto de la televisora zuliana. De sus estudios e inclinaciones por el quehacer teatral, queda como testimonio su versión televisiva de la obra teatral *Un tal Judas* en tres actos, de Claude-André Puget y Pierre Bost que, hasta donde se sabe, nunca fue producida.

Manuel Enrique y Amalia Pérez Díaz junto con Raúl Borges, Isabel Crema de Padrón y José Rafael Cisneros. Foto: Juan Padrón. Cortesía Sucesión Juan Padrón.

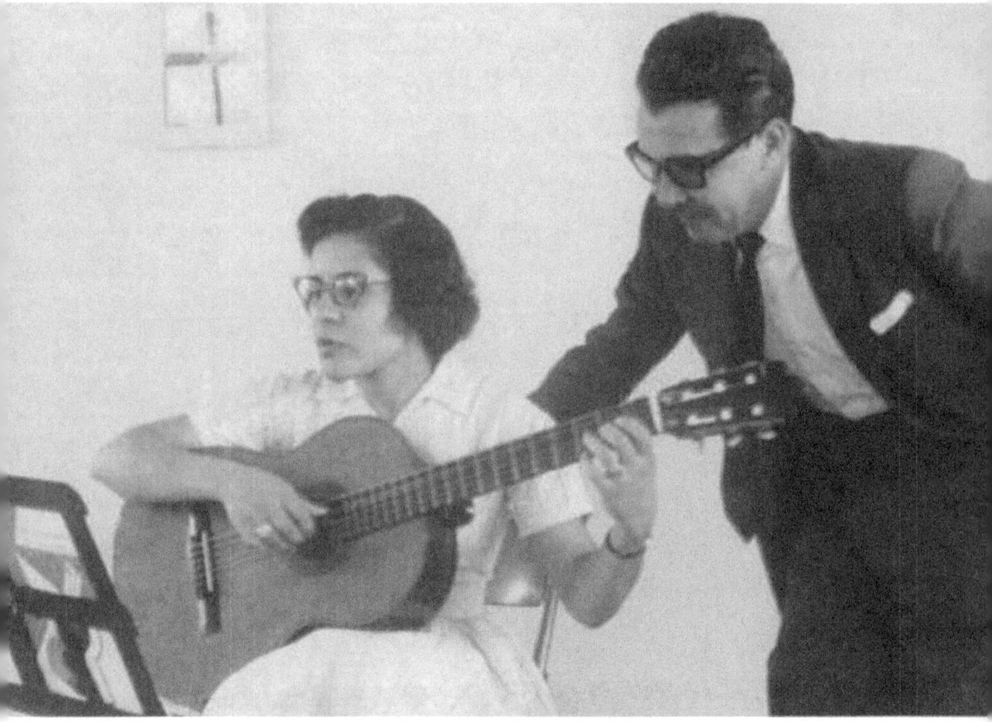

Escuela Superior de Música José Ángel Lamas, c. 1967.

Manuel Enrique Pérez Díaz asumió con pasión lo que fue su esfuerzo más importante, hasta el final de su vida: la docencia. Al respecto, su esposa Amalia afirmaba: "Quizás no estaba dentro de sus metas, no imaginó nunca que el destino lo llevaría a nseñar y formar juventudes dentro de esa mística necesaria a la guitarra clásica".[51] Y lo asumió con una firmeza que no había mostrado en otras facetas de su vida. Él mismo podría haber citado su artículo sobre Francisco Tárrega, el "Asís de la guitarra" –como lo llamó Sainz de la Maza–, cuando lo puso a escoger entre la actividad concertística y la docencia: "...sentirse siempre irresistiblemente atraído hacia los ambientes íntimos de discípulos y amigos en vez de las giras triunfales y productivas. Su gran trabajo que tanto tendría que agradecerle la guitarra fue silencioso, anónimo, circunscrito entre las cuatro paredes de su estudio". Como se ha recalcado, había descartado toda ilusión de giras y carrera de intérprete, y se recluiría en las aulas, de donde tanto saldría para la guitarra venezolana, queriendo que su labor fuese como la del mismo Tárrega, iluminadora de un nuevo horizonte.

Ya durante sus visitas a Maracaibo, trabajando para la emisora Ondas del Lago, Pérez Díaz había dado lecciones a un joven guitarrista popular, Ciro Adarme, también vinculado a la radio. Adarme, mucho más tarde, ocuparía la cátedra de guitarra de concierto en la capital zuliana. Éste lo recordaba con verdadera devoción, definiéndolo como un ser retraído y solitario, apasionado por su instrumento: "Era el maestro que motivaba al alumno, desprendido de todo egoísmo, conversaba mucho conmigo, [...] hablaba de la guitarra como si hablara de una mujer amada".

En enero de 1960, Raúl Borges, ya por cumplir los setenta y ocho años de edad y habiendo ocupado la cátedra de guitarra en la Escuela Superior de Música por más de veintisiete años, obtuvo su jubilación. En primera instancia se planteó que Antonio Lauro fuera su sucesor, puesto que ya era una figura destacada de la escena internacional del instrumento y la presencia fundamental de la guitarra en el país. Hay que recalcar que Pérez Díaz, en sus "Apuntes para la historia de la guitarra en Venezuela", lo había ya previsto como la sucesión natural del maestro de ambos: "Creo en Lauro ya casi como una realidad y si por algún motivo no llegare a figurar como guitarrista de *tournée*, comprendo que la silla de profesor de la cátedra de guitarra no quedará vacante o mal representada mientras Lauro pueda desempeñarla cuando llegue esa ocasión".[52] Sin embargo, en un acto de generosidad característico de su personalidad, el ya Maestro Compositor declinó la oferta a favor de Pérez Díaz, quien seguía sufriendo graves dificultades económicas. Casualmente, Rafael Pizani, el mismo amigo de juventud de Pérez Díaz, quien en Mérida lo había iniciado en la música sin siquiera saberlo, estaba entonces al frente del Ministerio de Educación, del cual dependía el conservatorio nacional. Así, autorizó la jubilación del maestro y firmó el nombramiento del cargo.

Clases a Juan Soublette y Leopoldo Igarza, Escuela Superior de Música José Ángel Lamas. Caracas, c. 1967.

Pérez Díaz atendió a los alumnos más jóvenes de su propio maestro, entre quienes se encontraban Leopoldo Igarza y Juan Soublette. Poco más tarde, se incorporaron a la cátedra José Dalmau, Francisco Zapata, Juan Luis Torres y el colombiano Alex de Valera, entre otros que permanecerían en el medio de la guitarra nacional. Vicente Emilio Sojo, todavía director de la escuela, le solicitó que definiera el programa de estudios del instrumento. Así, en agosto de ese mismo año, le escribió a Regino Sainz de la Maza pidiéndole consejo, ya que siempre pensó que el guitarrista español era el "gran maestro de la técnica", incluso por encima de Andrés Segovia. Un par de meses más tarde, recibió su respuesta con el programa que había concebido para el Real Conservatorio de Madrid, dividido en seis años, y que contemplaba en particular estudios técnicos. En su carta, desde Madrid, el 26 de octubre de 1960, el castellano le escribió:

> Me dio mucha alegría saber de ti y de tus actividades como profesor. Estoy seguro que tu experiencia y conocimiento del instrumento producirán los mejores resultados y saldrán de tus clases excelentes artistas, si tienes la suerte de encontrar buena "materia prima".
>
> Te envío el plan de estudios establecido aquí por mí. Puede llevarse con todo rigor, pero en líneas generales es bastante completo y práctico. Tu sentido del instrumento y tu buen criterio te dictarán en cada caso lo más conveniente y sobre todo, lo que sirva, como tú dices, "para siempre", es decir, aquellas fórmulas, de mecanismo que desarrollen la mano y la modelen a las exigencias más arduas de ejecución.

En definitiva, Pérez Díaz sacó sus propias conclusiones y dividió los estudios en ocho años consecutivos, que aumentaba en dos los seis que había exigido Borges. Este sería, además, el pensum que se utilizaría en todas las cátedras de guitarra de los conservatorios del Estado, que se irían creando paulatinamente a partir de entonces, teniendo como modelo la Escuela Superior de Música, ya conocida como José Ángel Lamas. Salió publicado en Gaceta Oficial, en 1964, y hasta la fecha no ha sido reemplazado.

Hacia inicios del año escolar 1962-1963, comenzó su actividad también como director de la Escuela Nacional del Folklore Francisco Carreño, adscrita primero a la Dirección de Cultura y Bellas Artes del Ministerio de Educación. Carmen Amalia de Adler, quien era cofundadora de la escuela al lado del mismo Carreño (el primero agosto de 1953), precedió a Pérez Díaz en la dirección interina, cuando, producto de persecuciones políticas del gobierno socialdemócrata de Rómulo Betancourt, encarcelaron al relevante folklorista, de filiación comunista y hermano del compositor nacionalista Inocente Carreño, discípulo destacado de Vicente Emilio

Sojo. Como consecuencia de esto, la sede de la institución –ubicada en la avenida Los Mangos de la urbanización La Florida, en el Este de Caracas–, fue vigilada y saqueada muchas veces por el mismo personal de los organismos de seguridad del Estado, en una suerte de represalia en contra de su fundador y todavía director.

Producto de todo esto, a la llegada de Pérez Díaz, la escuela no contaba con materiales de trabajo ni recursos para adquirirlos. El guitarrista en sus nuevas funciones directivas, intentando distraer las desproporcionadas intervenciones de la policía, mudó la sede al centro de Caracas, a un local ubicado entre las esquinas de El Truco y Caja Grande, para luego llevarla a la urbanización Los Caobos, también al este de la ciudad. Poco a poco logró consolidarla, cambiando el perfil de los estudios de música popular y tradicional hacia un perfil clásico de conservatorio. Creó nuevas cátedras y le dio un carácter académico a la enseñanza que allí se impartía. Con la ayuda fundamental de la profesora Adler, se apoyó en la Comunidad Educativa de la escuela para su transformación definitiva, logrando que creciera la población estudiantil y se consolidara como institución. Esto quedó satisfecho, en términos simbólicos, cuando le cambió su nombre por el de Escuela de Música Lino Gallardo, en homenaje a uno de los notables compositores de inicios del siglo XIX venezolano, siguiendo la sugerencia del crítico musical y educador chileno Eduardo Lira Espejo, profesor de la cátedra de Historia de la Música.

Sin embargo, como en casi todas las otras escuelas populares equivalentes, que existían entonces en Caracas (muchas de las cuales también irían cambiando sus propuestas hacia un perfil académico), mantuvo las clases de guitarra popular, que dictaba desde los primeros días el caroreño Ignacio Ramos

Silva "Ramitos", quien a su vez desarrolló su propio programa de enseñanza del instrumento. En paralelo, Pérez Díaz implementó una cátedra de guitarra de concierto, ofreciendo clases él mismo. Ramos, quien se había iniciado con Borges el mismo año que sus coterráneos Alirio Díaz y Rodrigo Riera (1945), pero que no había completado sus estudios, por lo que se convirtió también discípulo de su director, llegando a graduarse en la misma escuela Lino Gallardo, años más tarde.

Foto dedicada de Alirio Díaz a Manuel E. Pérez Díaz, en Caracas.

A mediados de los sesenta, Ricardo Iznaola, nacido en Cuba, inició allí sus estudios de guitarra, convirtiéndose en el alumno de más exitosa trayectoria profesional internacional de Pérez Díaz. Recuerda a su maestro:

> Era un personaje entrañable, generoso, amable, cultivado. Me viene a la mente su elegancia, no solo como vestía, como se comportaba, esa elegancia que algunos tienen y otros no. Era

un hombre de una elegancia de caballero del siglo XIX, de esa tradición que realmente añoro, porque se ha perdido mucho de todo eso, hemos ganado en espontaneidad y flexibilidad de pensamiento, pero hemos perdido cierta sofisticación vital en el como uno se desenvuelve en el mundo.

Estaba abocado, primero, a no "no hacer mal", como el principio ético de los médicos, y eso dejó una profunda marca en mí, aunque no lo comprendí del todo en los primeros años después de haberlo dejado, sino hasta después de tener bastante experiencia enseñando. Su consideración con los alumnos, como los trataba con dignidad y respeto, sin crueldad.[53]

Respondiendo a su propia experiencia en el ámbito popular, Pérez Díaz admitió en su cátedra a músicos de otras estéticas, que recibieron de él las bases técnico-instrumentales del instrumento. Esta flexibilidad produjo una marcada impronta en la guitarra popular venezolana, pues contó entre sus discípulos a figuras que pronto se destacarían en otros ámbitos musicales. Entre ellos, Harry Planchart, nacido en Trinidad de padres venezolanos, pionero de la guitarra de jazz en el país; Arturo Terán y Luis Ferrebús, también requintistas y reconocidos guitarristas del trío romántico, Leo Quintero, Pedro Vilela y Alexandro "Alex" Rodríguez, quienes adquirirían renombre por su participación en orquestas, estudios de grabación y de publicidad de esos años.

En ambas instituciones al mismo tiempo, era exigente y severo, pero comprensivo. Aceptaba diferentes soluciones a los problemas musicales y técnicos propuestos por sus discípulos, siempre y cuando cumplieran su cometido. Planchart destacaba esta capacidad de ver y comprender las peculiaridades de cada discípulo:

Tenía mucha experiencia para enseñar, aunque su capacidad de ejecutante no era comparable con la de Riera, Alirio Díaz o incluso con la de algunos de sus discípulos. Como pedagogo tenía mucha sicología, lo que le permitía tratar a cada alumno según su temperamento y su capacidad. Aprendí con él a tener paciencia, a lograr que el alumno entienda lo que se le va a enseñar con la mayor facilidad posible.[54]

Igarza, por su parte, precisa conceptos que recuerdan un trato similar al que daba Borges, quien de manera evidente influyó en la concepción pedagógica de Pérez Díaz:

Era muy ecléctico. Nos ponía diversas alternativas de digitación y nos decía: "escoge la que tú consideres mejor". Ese era uno de sus planteamientos, estimular el criterio personal. No negaba nada *a priori*. Prefería que uno fuera a la fuente original, y que uno mismo decidiera. Le gustaba mucho Tárrega, Sor, Turina, Albéniz. Pero su referencia favorita era Tárrega. Quería imitar su posición de las manos, buscaba su sonido, su técnica, etc.

Se preocupaba mucho por la cultura general de sus discípulos. Se consideraba un buen profesor, ya que atendía estudiantes desde que comenzaban y los "ponía a tocar". Decía que este trabajo era mucho más difícil que el de esos profesores que daban talleres y cursos ocasionales, pues ellos conseguían ya "la papa pelada", utilizaba ese término.

Lo primero que le exigía al alumno eran las escalas digitadas por Domingo Prat y los ejercicios de Pascual Roch. Prefería la pulsación apoyada siempre que fuera posible. Le gustaba el sonido pastoso, redondo, lo que imaginaba era el sonido de Tárrega.

Puso orden en la cátedra, pues había tantos alumnos que llegaban a visitar a Borges, que ya no se daba clases, prácticamente. Era exagerado y radical, pero muy ameno y chistoso.

Al final de su vida se dedicó a digitar diversas obras buscando efectos especiales. Se los ponía como reto, y resolvía problemas técnicos y musicales.[55]

Es así, como aplicó a su enseñanza la concepción que creía desprender de la escuela de Tárrega, desde el punto de vista mecánico y estético, lo cual desarrolló en su propio ensayo sobre el guitarrista valenciano:

> [...] habiendo sido Tárrega pianista, aplicó, en la medida de lo posible, la técnica pianística a la guitarra en cuanto a la manera de producir el sonido: paralelismo de las manos, martilleo de los dedos al articular sobre las cuerdas, pulsación de la mano derecha como si las cuerdas fuesen teclas y descansar apoyando en la cuerda inmediata el dedo que pulsó siempre que ello sea factible, lo cual hace que el golpe sea perpendicular a la cuerda, produciendo el efecto de martinete y dando la máxima amplitud a la vibración, educación total del anular de la mano derecha hasta hacerlo tan hábil y potente como los dedos medio e índice de esa misma mano, y perfeccionamiento del pulgar.

Iznaola, quien, además de su carrera como concertista internacional, ha publicado estudios teóricos sobre la técnica y la fisiomecánica de la guitarra, y desarrollado un catálogo como guitarrista-compositor, compara la pedagogía de Pérez Díaz con la de Sainz de la Maza –sus dos maestros–, confrontando estas enseñanzas:

> Pérez Díaz era muy entregado como maestro. Daba todo lo que tenía que dar en cada lección, sin reservas de ningún tipo, y era exigente sin ser dogmático ni arbitrario. En contraste con Sainz de la Maza, que fue mi otro gran maestro, Pérez Díaz tenía más ojo pedagógico. A Regino había que entenderlo a él. Manuel Enrique se preocupaba de entenderte a ti. Así, aprendías lo que tenía que dar, porque se preocupaba de ver por dónde ibas,

y adaptarse un poco a cómo tú ibas. Con Sainz de la Maza había que adaptarse a él y si te adaptabas aprendías, y si no, te tenías que ir, como se fue la mayoría. Yo fui uno de los pocos sobrevivientes y eso me dio la oportunidad de conocerlo a un nivel al que pocos llegaron.

Pérez Díaz, como discípulo de Anido, tenía la escuela de Tárrega. Igualmente, Regino era muy rígido en sus principios. Ahora bien, hay que poner esto en contexto histórico, ya que la técnica de hoy en día tiene poco que ver con esas enseñanzas. La diferencia fundamental con lo que se hace hoy es que se prefijaban las maneras de enfocar la técnica, desde una concepción rigurosamente conformada desde fuera, como un sistema que se le imponía al alumno, sin considerar diferencias individuales, de tamaño, de formas de las coyunturas, etc. Hoy nos hemos preocupado mucho más de la fisiología, de la anatomía de cada individuo, de la antropomorfia del alumno. Las técnicas se están individualizando. En esa época te tenías que adaptar al método.[56]

Y describe sus búsquedas técnicas:

Los dedos de la derecha unidos en la punta y cerrados, la muñeca curvada y el pulgar extendido. En fin, la izquierda muy ortodoxa, los nudillos paralelos al mango, el pulgar a nivel medio del mástil, etc. Una conformación de texto a la que había que adaptarse. Por supuesto, él era un hombre mucho más flexible que eso. Él te enseñaba y luego tú hacías y él veía: si funcionaba te dejaba hacer.[57]

Álvaro Álvarez, quien fue su discípulo a partir de 1968 en la Escuela Superior, y luego en la misma Lino Gallardo, agrega: "Buscaba mantener el sonido. Incorporaba, desde el principio, estudios y obras. Exigía, sobre todo, el respeto a la partitura. A veces parecía demasiado duro, pero veías porqué y tenía una razón. Jamás fue injusto".[58] Sobre esto,

Alex Rodríguez, quien luego se dedicaría a la guitarra y el bajo eléctricos, revelándose muy pronto como uno de los compositores más relevantes para la guitarra de concierto de su generación, lo recuerda como un "profesor amable, aunque exigente, que siempre tenía la solución para los problemas que en el momento se presentaran; lo más interesante de esto era la forma de enfocarlos y resolverlos, encontrando alternativas que para el alumno no fueran traumáticas".[59]

Por su parte, Francisco Zapata, además director de coros y compositor, suma otros detalles:

> Utilizaba como ejemplos (cuando las clases eran en su casa) las grabaciones de Segovia, Llobet, Anido y Mangoré, que guardaba celosamente [...]. Era parco en elogios, estimulaba el talento de cada uno de sus alumnos y sobre todo nos creó una mística y afán por llegar a la excelencia más allá de nuestras posibilidades reales. [...] Sus conversaciones, salpicadas de anécdotas históricas sobre la guitarra y los guitarristas, concretaban ampliando atractivamente el marco de su enseñanza.[60]

Su esposa Amalia precisaba la relación pedagógica con sus discípulos "por lo que significaron para Pérez Díaz": "Ricardo Iznaola y Leopoldo Igarza, cada uno de ellos, aun con estilos diferentes, comprendieron que Manuel Enrique los había preparado para convertirlos en una prolongación de sí mismo y tener el orgullo de reconocer que, como alumnos, habían superado a su maestro".[61] Además, fungió como profesor circunstancial de Froila Niño de Pacannins. Esta dotada guitarrista venezolana, la más joven de la misma segunda generación, había estudiado no sólo con Borges, sino también con la virtuosa Ida Presti en Europa, pero, por desgracia, murió prematuramente.

En 1966, Pérez Díaz fue miembro del jurado de las pruebas de admisión y de la premiación del primer Concurso Internacional de Guitarra, que se realizó en el auditorio de la Facultad de Farmacia de la Universidad Central de Venezuela. Estos eventos, entre 1966 y 1970, fueron concebidos en homenaje a Alirio Díaz, los primeros que se organizaron en toda Latinoamérica. En la carta de invitación que le fue dirigida, remitida por el director de Cultura de dicha universidad, el 14 de julio, se advertía: "...al considerar que es Ud. una de las personalidades de nuestro mundo musical más autorizadas para valorar las cualidades artísticas de un ejecutante, tiene a honra solicitar su asentimiento para formar parte del Jurado...".

El gran concertista caroreño dictaba, además, un curso de perfeccionamiento guitarrístico, inspirado en los de Andrés Segovia en la Accademia Musicale Chigiana de Siena, durante los veranos desde 1950, y en el cual Díaz había su asistente desde 1954 a 1964. A los cursos de la Universidad Central asistieron los más importantes discípulos de Pérez Díaz, entre algunos otros, Iznaola, Igarza, Soublette y Dalmau.

Este evento fue fundamental en el desarrollo de la guitarra nacional, pues además se sumaban otras actividades hasta convertirlo en una suerte de festival. En éste participaron casi todos los miembros activos de la segunda generación de guitarristas académicos venezolanos, Lauro, Fredy Reyna y Rodrigo Riera, además de Pérez Díaz, quien, en la primera edición y junto con Alirio Díaz, ofreció una conferencia-concierto en homenaje a Francisco Tárrega.

Ricardo (Fernández) Iznaola, c. 1969.

Sin embargo, hubo discrepancias en la valoración del primer concurso, cuyo único premio se designó a la austríaca Brigitte Zaczek, el tercero, y apenas se le dio una mención de honor al venezolano Rómulo Lazarde, declarándose desiertos los otros lugares. Pérez Díaz defendió a éste, considerando el resultado como una injusticia con el notable joven intérprete venezolano, y entendiéndolo como algo personal. Se enfrentó con Alirio Díaz, quien se impuso como presidente del jurado. Esto acarreó consecuencias en la carrera de Lazarde, quien no volvió a participar más en estos concursos (ni en ningún otro), como tampoco lo haría ya más Pérez Díaz.

Muestra de su solidaridad y comprensión, en 1971, Pérez Díaz le otorgó a Lazarde un diploma *ad-honorem* de Maestro Ejecutante de Guitarra, de la Escuela de Música Lino Gallardo. El concertista se había instalado en Eisenstadt, Austria, como profesor de guitarra del Conservatorio Joseph Haydn, y tenía necesidad de consolidar su documentación para el cargo, no contando con otro título académico, pues no había terminado sus estudios a la muerte de Raúl Borges, de quien había sido su último discípulo. Dadas sus prodigiosas condiciones musicales, como intérprete y compositor, este título fue luego revalidado en Viena, dos años más tarde.

Iznaola fue el más destacado de todos los participantes venezolanos del concurso de la Universidad Central y el único que obtuvo premio, el tercero llamado "Manuel Leoncio Porras", en la edición de 1968. Su evolución satisfizo mucho a su maestro, por lo que, al obtener su diploma de Profesor Ejecutante de Guitarra, le recomendó que estudiara con Regino Sainz de la Maza en Madrid, convirtiéndose muy pronto también en su más notable discípulo y durante años, en su asistente. El maestro castellano le escribió a Pérez Díaz, al año de haberlo recibido: "Encontrarás a Ricardo hecho un auténtico intérprete, destinado a una carrera que se anuncia ya grande y gloriosa".[62]

En efecto, luego de ganar algunos premios internacionales de interpretación en España y ya comenzando su carrera de concertista internacional, volvió a Venezuela para participar en el primer Concurso Internacional de Guitarra Alirio Díaz, en 1975, que fue una extensión no declarada de lo que habían significado los eventos de la Universidad Central de Venezuela. Obtuvo en dicha oportunidad el segundo premio, ante un jurado también presidido por Díaz y en el que se encontraba María Luisa Anido, al lado de Antonio Lauro, Flaminia Montenegro de De Sola y Rodrigo Riera, con la notoria ausencia de Pérez Díaz.

La organización del concurso le había disgustado en extremo, y una de las razones de su desagrado fue que las bases no habían sido dadas a conocer con antelación suficiente en el mismo país. Cuatro días antes de la fecha fijada para el evento, que se realizaría entre el 8 y el 12 de abril, le envió un telegrama a José Vicente Torres, encargado de la Dirección de Artes Auditivas del Instituto Nacional de Cultura y Bellas Artes (INCIBA), bajo cuya responsabilidad se organizaba el concurso:

> En forma estrictamente personal siempre he pensado asistir al concurso internacional de guitarra como corresponde a mi profesión. Supongo que la invitación telegráfica dirigida al profesor Luis Enrique Pérez Díaz refiérese a mí, pero mi nombre es Manuel. Dados los antecedentes y mi opinión referentes al citado concurso, tomo dicha invitación como una franca ironía. Para la fecha de hoy, las diferentes cátedras de guitarra de la primera escuela de música del país no han recibido ni siquiera una simple participación. Me refiero a la Escuela José Ángel Lamas, no obstante que fue el plantel en el cual realizó sus estudios el propio guitarrista cuyo nombre lleva el concurso.

Una vez más, expresó su desacuerdo con el veredicto, pues consideraba que su discípulo merecía el primer premio, el cual recayó sobre el peruano Oscar Castro Balbi. En una nota que escribió para Antonio Lauro "y para todos los guitarristas de Venezuela", fechada en Caracas el 17 de abril de 1975, exactamente el "jueves, [a] 11 de la mañana", afirmaba, entre otras cosas: "Y en el caso de unas tablas totales, yo habría *peleado* el primer puesto ante el hecho *tradicional* y con infinitos precedentes de que en todo evento celebrado en un país, por razones HUMANAS, LÓGICAS, se trata de inclinar la balanza hacia el país!"[63]

Anido le escribió una carta a Pérez Díaz, el 10 de octubre de 1976, en la cual remarcaba sus méritos en la formación de Iznaola:

> Te felicito mucho por el talentoso de tu notable alumno, ¡está haciendo una carrera tan extraordinaria! y, lógicamente, tú has sido el padre artístico que con tanto cariño, como sabiduría de didacta auténtico, orientó y guió su arte. Ahora ambos han obtenido sus hermosos frutos y por todo ello te felicito efusivamente. Cuando yo lo escuché, en el concurso, a Iznaola, me pareció el ... ¡mejor!, pero luego vinieron los dichosos promedios finales... y diluyeron mi clasificación... ¡una pena! Además, me gustó su potencia sonora, su escuela, en general, tan de acuerdo a mi concepto de lo que debe ser... ¡una guitarra "de clase" y no... ¡una carga a la bayoneta!

Desde entonces, Pérez Díaz mantuvo un resentimiento no recíproco por Alirio Díaz, y ratificó su rechazo a participar como jurado en los concursos siguientes, ni de ninguna otra manera con el evento, con una beligerancia exagerada, pues de hecho, como profesor de la cátedra de guitarra de la Escuela Superior de Música le correspondía estar presente. Es muy posible que, dadas las circunstancia y el tono de estas comunicaciones, tampoco motivara a sus discípulos a participar, considerando injusto y absurdo el trato que se les daba a los venezolanos. Sin embargo, años más tarde, otro de sus alumnos, Alejandro Vásquez, quien había también estudiado con Nicolás Alfonso (discípulo de Sainz de la Maza) en Bruselas, obtuvo el tercer premio en la quinta edición del evento, en 1981, en la cual el segundo lugar fue para otro venezolano, Aldo Lagrutta, discípulo de Igarza, y por tanto, de la herencia del mismo Pérez Díaz.

Es pertinente recalcar que en muchos de los primeros conciertos que Alirio Díaz ofreció en Europa, a partir de los primeros años de la década del cincuenta, ejecutó la *Guasa* de Pérez Díaz, al lado de las composiciones de Antonio Lauro. Si bien fue este último quien se impuso en el repertorio mundial, el caroreño cumplió su papel como intérprete de su generación –incluyendo también obras de Rodrigo Riera, Evencio Castellanos, Inocente Carreño, así como de sus maestros Juan Bautista Plaza y Vicente Emilio Sojo–, abriéndoles la puerta del escenario internacional, editándolos bajo su cuidado en casas internacionales y llegando a grabar parte de este repertorio.

Leopoldo Igarza. Foto: Matilde Bruzual, Caracas, 2011.

También otros guitarristas venezolanos activos en el medio musical profesional estudiaron con Pérez Díaz, como Valmore Nieves, Jesús Eduardo Álvarez, Enrique Quevedo y Samuel Granados. Por su propia recomendación, muchos de sus discípulos realizaron estudios de perfeccionamiento en Europa. Además de los ya comentados, en particular Iznaola e Igarza en España, Alex Rodríguez y Francisco Zapata también estudiaron con Sainz de la Maza; mientras que Alex de Valera, Juan Luis Torres y Álvaro Álvarez recibieron clases de José Tomás, discípulo de Andrés Segovia.

Iznaola recuerda el momento cuando el maestro le sugirió que fuera a estudiar a Madrid:

> Pérez Díaz me hizo guitarrista. Me guió por el camino preprofesional y fue él quien me indicó con quien debía perfeccionarme, porque la influencia del momento era irse con José Tomás, que representaba el Segovismo en España. Pérez Díaz me dijo: "a ti quien te hace falta es Sainz de la Maza, él te va a hacer un músico y un guitarrista", y ese consejo fue muy valioso para lo que he llegado a ser.[64]

Alex Rodríguez. Foto: Jacinto González, Caracas, 2012.

Ya en una carta del 19 de noviembre de 1975, María Luisa Anido le había sugerido que escribiera y sistematizara su enseñanza: "Tienes tal minuciosidad, [eres tan] inteligente y conocedor, que... no me explico por qué, hasta ahora, no has publicado un método... (¿no lo has pensado?...) *¡Resultaría algo estupendo!*" Y, en efecto, comenzó a escribir una "Técnica guitarrística", que apenas avanzó, y sólo se conservan algunas escalas, observaciones, "ejercicios cromáticos de ligados" y otras hojas sueltas con anotaciones, lejos de un ordenamiento como libro.

En esos años realizó sus arreglos, versiones, digitaciones y hasta "reconstrucciones", con intenciones pedagógicas. Ejemplo de ello es el fragmento de *Recuerdos de La Alhambra*, en el que aclara: "Digitación de Pérez Díaz, M. E., a petición del gran luthier español V. Aguado, quien tiene una mano izquierda a la cual se le hace muy difícil realizar este pasaje, del compás 9 (tercer tiempo) al compás 15". Luego de realizar numerosas observaciones técnicas y musicales, le advertía: "Lo digitado por Tárrega *es correctísimo*! Y por supuesto que mis alumnos, como 'estudiantes' que son, están en la obligación de ceñirse a *Tárrega* (una cosa es *tocar* y otra *estudiar*)".[65]

Otras piezas las trabajó como "estudios de digitación forzada", lo que a su entender era que al "provecho 'mecánico', se le sumen provechos 'musicales'", como escribió en la digitación de *Oh cara armonía*, aria de *La flauta mágica* de Mozart, a partir de una "trascripción fiel y directa por Antonio Lauro":

> La denominación de *digitación forzada* se me ocurre porque quien la siga fielmente en *ambas manos* observará que, forzosamente, realizará con exactitud valores y silencios, tan descuidados por gran cantidad de guitarristas, obteniendo además timbres y matices de muy buena calidad. A ello se suma su

utilidad *técnica*, pues siendo aparentemente arbitraria y exigiendo pequeños esfuerzos, es lógica para los fines que persigue.

Pérez Díaz concluyó su "estudio" con una "nota importante":

> En su famoso Opus 9 (Introducción-tema: Mozart-Variaciones), Fernando Sor expuso el tema *ya variado*; por lo tanto podríase, después de la Introducción, arbitrariamente suprimida por la mayoría de los ejecutantes, tocarse este tema, seguido por la exposición del mismo tema *según Sor* (muy bien variado, *pero variado*). La diferencia del tema *tal cual Mozart*, resaltará la buena calidad de lo hecho por Sor, que pasaría a ser la primera variación, etc.

Iznaola también comenta estos arreglos:

> Él conocía tan bien la guitarra que son arreglos muy bien facturados. La única reserva que yo les encuentro es que considero que la prueba de toda obra artística está en la ejecución, en la presentación ante el público. Y el no tocó esos arreglos, pues en esa época ya casi no daba conciertos. Así le faltó el *feed back*, como dicen los norteamericanos. Eran obras difíciles de manejar, pero de gran fidelidad al espíritu de la composición, una fidelidad vista un poco de manera literal.
>
> [...] Y encuentro que muchos de sus arreglos son esfuerzos admirables, pero que no llegan a ser realizables del todo, porque están forzando un poco los vehículos. Son casi trabajos en abstracto, conceptuales. Pero se puede aprender mucho estudiando esos arreglos, pero más como ejercicio intelectual que como ejercicio artístico.

Sin duda, dentro de su espíritu educativo, con el deseo de que fueran de utilidad para sus propios discípulos, en 1975, Pérez Díaz realizó una "antología de la guitarra" con comentarios, que grabó en dos casetes de 90 minutos cada

El Nacional — Caracas: Lunes 10 de Mayo de 1976

John Williams en el Teatro de la CANTV

Rómulo Lazarde, Alirio Díaz, John Williams, Antonio Lauro y Manuel E. Pérez Díaz.

uno. En ellos incluyó piezas interpretadas por Segovia, Regino Sainz de la Maza, Miguel Llobet, María Luisa Anido y su dúo con Llobet, Martínez Oyanguren y Luisa Walker, además del "maravilloso arpista" Nicanor Zabaleta –quien había enseñado unos años en Venezuela– y, con humor, terminó con "un guitarrista que no queremos identificar, sino con las iniciales F. A.", para ejemplificar, por recomendación de Regino Sainz de la Maza, "como no debe ser tocada la guitarra". En un momento de esta peculiar selección, aclaró las condiciones en que lo realizaba y sus cometidos: "Continuamos grabando esta serie de discos de 78 rpm., muy antiguos, rallados, maltratados, con un sonido muy diferente al que estamos acostumbrados ahora con la Alta Fidelidad, pero que constituyen un archivo sumamente interesante para los guitarristas, para los estudiantes y para todos los aficionados al bellísimo instrumento".

Luego de más de veinte años de trabajo, solicitó su retiro de la dirección de la Escuela de Música Lino Gallardo, lo que le fue concedido el 7 de noviembre de 1983, quedando como directora quien había sido su secretaria y asistente en la institución durante muchos años, la misma profesora Carmen Amalia de Adler, quien lo había recibido el primer día. En la exposición de motivos, se expresa: "Por tener 23 años de servicios, formando profesionales de la guitarra. Destacándose como uno de nuestros mejores compositores. Por tener 71 años de edad y 20 años en el cargo de director". Luego, en 1984, pidió su jubilación de la cátedra en la Escuela de Música José Ángel Lamas, el conservatorio nacional, puesto que ocupó durante 24 años.

Junto con Álvaro Álvarez. Caracas, c. 1983.

Guasa - (ORIGINAL PARA Guitarra)
Moderadamente y con gracia -
6ª en Ré
Mo Pérez Díaz
p. y poco a poco cresc -
C.2
fp.

En la faceta de compositor, Manuel Enrique Pérez Díaz también se mostró en exceso autocrítico. Quizás, la conciencia de que necesitaba estudios más profundos, lo llevó a no intentar obras más ambiciosas ni a completar un catálogo más extenso. Además y seguramente, la cercana presencia de Lauro pesó sobre sus decisiones. En público, sin que nada lo obligara a ello, aclaraba cada vez que podía que no era compositor, sino un simple guitarrista y, como guitarrista, un "buen aficionado". Quizás, con estas palabras sumaba otra comparación tácita con Alirio Díaz, pues esos eran los referentes fundamentales de la guitarra venezolana, quienes, de modo paradójico y sin proponérselo, limitaron el atrevimiento artístico de sus compañeros de generación y, quizás, de buena parte de la generación siguiente.

Su obra estuvo dedicada a la guitarra solista y al canto con acompañamiento de guitarra. Poseía una indudable vena melódica de sabor popular, y demostró un eficiente manejo del diapasón del instrumento que le permitía capturar posibilidades expresivas e idiomáticas. Fueron obras breves y de corte venezolano, de voluntaria sencillez, con un tratamiento estético personal.

La imagen tutelar, también en este aspecto de su vida, fue Tárrega, tal como expresa en el ensayo que le dedicó, resaltando los adjetivos:

> Tárrega fue un artista romántico, idealista, *sincero*; y un hombre *sencillo, humilde hasta la exageración* y cándido como un niño. Su música lo retrata fielmente: melódica y *sentida*, romántica y *sencilla, humilde* a veces hasta la ingenuidad, pero siempre de gusto exquisito y de melodías finas y *espontáneas, correctamente* armonizadas.[66]

Sainz de la Maza, quien llegó a interpretar al menos la *Guasa*, le ofreció una franca opinión en una carta desde Madrid, el 25 de diciembre de 1951, no obstante nunca las incluyera en su colección editorial de la Unión Musical Española:

> He leído tus dos canciones. Son bonitas, y dentro de su estilo, entre popular y sentimental, tienen un matiz original que las distingue y les da un cierto sabor exótico. No me extraña que se hayan popularizado, puesto que ese es su destino y a ello están llamadas por su fácil y comunicativa expresión. Creo, no obstante, que estás capacitado para intentar otro tipo de canción más trabajada y de expresión más personal aún dentro de la vena popular...

Iznaola sopesa su trabajo como un conjunto de composiciones, más que como una definición artística personal:

> Creo que no llegó a crear un estilo como en el caso de Lauro, por ejemplo, pero sí una expresión individualizada de lo que quería comunicar, que es muy diferente a un estilo. O sea, hay Pérez Díaz muy diversos en su obra. La *Guasa* y *En la negra espuma* tienen muy poco que ver, pero ambas son expresiones individualizadas de su mensaje, y son de Pérez Díaz, entonces hablar de un estilo sería un poco ampuloso en su caso.

Su primera composición conocida fue la *Serenata* que, como ya se dijo, concibió en Guayaquil, durante la gira con Cantores del Trópico por Latinoamérica, en 1940, que con arreglo de Lauro fue estrenada y grabada por el conjunto. Sin embargo, la fama y difusión que alcanzó casi de inmediato en el medio popular también lo entendió como un peso para el resto de su trabajo, sintiéndose obligado a alcanzar resultados similares, si bien no volvería a lograr una obra tan exitosa. Luis Felipe Ramón y Rivera consideraba esta *Serenata* como una "canción-bambuco", la cual "emerge, naturalmente, de su predecesora de comienzos del siglo pasado, la habanera".[67]

La *Guasa*, de 1948, fue su primer trabajo para el instrumento solista y tuvo alcanzó reconocimiento entre guitarristas. Apareció publicada en el cuaderno *Composiciones para guitarra por autores venezolanos*, del Ministerio de Educación Nacional, en 1952.[*] En esa edición se incluyeron las obras originales de mayor relevancia del repertorio nacional hasta el momento, seleccionadas por Vicente Emilio Sojo, siendo la primera antología de la composición nacional para el instrumento, que incluía también el *Valse venezolano* de Raúl Borges, la *Pavana al estilo de los vihuelistas* y el *Valse criollo*[†] de Lauro, así como *Quirpa* y *Endecha* del mismo Sojo. Es significativo que, para todos estos autores, estas resultaran ser sus primeras obras editadas.

---

* Estas obras fueron luego publicadas y reeditadas en los Estados Unidos sin autorización de dicho ministerio ni de sus autores, transcribiéndose incluso los errores que aparecieron en la primera trascripción, sin que hayan sido hasta la fecha reconocidos sus derechos.

† Esta obra es la misma *Natalia*, que posteriormente se incluyó como el tercero de los *Cuatro valses venezolanos*, publicado en Ámsterdam por la casa Broekmans & van Poppel.

María Luisa Anido acusó recibo de la *Guasa*, desde Buenos Aires, en una carta del 12 de abril de 1949, en la cual, una vez más, le sugería profundizar su trabajo creativo:

> Siempre por escribirle para felicitarlo y para agradecerle *muchísimo* la "Guasa"... así y todo no me perdono el demorar tanto en decirle lo mucho que me gustó su obra, por lo bonita, por lo original y bien escrita que está. Verdaderamente tiene condiciones notables para la composición y lo felicito de corazón por su primera obra, que ya toco y que me parece preciosa.
>
> [...] El ritmo es muy interesante pero... fácil de hacer mal como usted mismo reconoce.

Ramón y Rivera define la guasa como una forma bailable hermana del merengue, ambas provienen de la danza cubana.[68] Si bien la presencia de la guasa, en Venezuela, según el mismo autor, se restringe al estado Miranda, refiriendo como fuente más antigua las recopilaciones realizadas por Vicente Emilio Sojo en la zona, advirtiendo la imposición del merengue en Caracas y de allí su difusión al resto del país, subsumiendo casi todos los géneros rítmicamente cercanos.

Se puede señalar la discusión que ha habido en torno a su escritura rítmica (en particular, centrándose en el merengue), que muestra la resistencia y la movilidad de la creación popular frente a los intentos de captura desde lo académico. Ramón y Rivera apunta la utilización del compás de 2x4 o 5x8, que son las más usadas, con acento final sobre la última corchea: "La audición y trascripción de ejemplos tomados *in situ*, permite apreciar que una escritura como ésta es correcta unas veces y otras no, según los ejecutantes, pues lo corriente es que varios elementos rítmicos se mezclen".[69] El mismo autor propone una escritura en 6x8, dado que el acento final es a menudo más bien un alargamiento del valor, posición que toma auge en la actualidad.* Sin embargo, Pérez Díaz la escribió en 2x4, con un tresillo y dos corcheas, con aire moderado, y se inicia con una suerte de *ostinato* en la tesitura media del instrumento. Igarza la considera como su obra más representativa, destacando la utilización de campanelas y los efectos de timbres logrados con saltos de posición.†

* Entre otros, era también la posición del compositor Aldemaro Romero.

† Los extractos y las obras de Pérez Díaz que se presentan aquí fueron tomados de la edición *Obras originales para guitarra solista y guitarra y canto*, Colección de Compositores Venezolanos para Guitarra, volumen V. Fundación Vicente Emilio Sojo, Caracas, 1998. Autorizados por la misma fundación y por los sucesores del compositor, a quienes pertenecen todos los derechos.

Desde enero de 1949, Pérez Díaz se sumó a la Asociación Venezolana de Autores y Compositores (AVAC), primera agrupación gremial del medio musical, fundada y dirigida por la compositora María Luisa Escobar, quien de hecho apadrinó al guitarrista.

Poco más tarde, compuso un homenaje a Rodrigo Riera, escrito sobre la *Canción caroreña* del concertista larense. Desde el punto de vista formal, esta obra fue una de las más ambiciosas. A pesar de llamarla "valse", centrado en su sección principal, tiene estructura de rondó y su planteamiento melódico evidencia el principio de la variación. Como ya había considerado en el caso de las *Variaciones sobre un tema de Mozart* de Fernando Sor, Pérez Díaz pareciera utilizar su propia primera variación como base para el desarrollo del tema. Sin embargo, Iznaola la encuentra demasiado "fragmentada..., le falta cierta unidad. Cada sección independientemente es encantadora, pero no su totalidad".[70]

Los primeros ocho compases son una presentación rearmonizada (y trasportada de fa sostenido menor a re menor) de la primera semifrase de la obra de Riera, utilizando el ritmo de valse venezolano: negra con puntillo, corchea, negra. Este tema aparece tres veces a lo largo de la obra.

A continuación, con una variación del tema en su relativo fa mayor, emprende una primera parte con indicación de "Aire de minué", que antecede al valse, utilizando una célula rítmica constante a contratiempo de silencio de corchea, corchea, blanca.

El valse, propiamente dicho, también en fa mayor, aprovecha los diversos acompañamientos de la forma criolla, entrelazando ritmos y desplazando acentos, síncopas y hemiolas, combinando 3x4 y 6x8, como es característico. Su dibujo melódico es una variación misma del *Aire de minué*.

Luego de retomar los ocho compases del tema, aborda una breve sección bajo la indicación de "burlesco", como una suerte de síntesis entre minué y valse, además de anunciar el motivo que desarrolla en la larga coda final, con bajos repetidos sobre acordes en valores de blanca con puntillo. Así, luego de una nueva presentación del tema, el final retorna a la tonalidad de re menor, desenvolviendo el motivo de los bajos repetidos sobre acordes estáticos, alternando con una nueva frase en ritmo de valse y de claras referencias melódicas populares.

El *Bordoneo* es una suerte de joropo que se enfoca en las cuerdas graves del instrumento –los bordones–, lo que Igarza percibe como una imitación del sonido de la bandola llanera. Anido, en otra carta –Buenos Aires, el primero de febrero de 1967–, le comenta: "[...] tiene muy bien logrados los efectos guitarrísticos, viéndose claramente en esta obra que el autor...

conoce a fondo los efectos guitarrísticos por ser un real conocedor del instrumento, profundo, y un inspirado compositor que traduce con jerarquía nuestros sentires telúricos... ¡Una vez más mis sinceras felicitaciones por su labor!"

El *Rococó* es una obra dedicada a Victoriano Aguado Rodríguez, el famoso constructor español de guitarras, con quien mantenía una asidua relación epistolar. Igarza recuerda que su maestro le comentó las cartas del español por su carácter "muy rococó", y que de allí proviene la inspiración de su homenaje.[71] Sin embargo, esta obra no recrea la estética francesa de la época, sino más bien tiene una expresión romántica con *Aire de minué*, con profusión de acordes disminuidos. Es de notar la minuciosa digitación de su autor, buscando explotar la riqueza tímbrica del instrumento.

Su humor siempre cáustico quedó una vez más patente en los comentarios que, sobre la génesis de esta obra, le hizo a su maestro Raúl Borges en una carta –Caracas, 29 de enero de 1966– que acompañaba al manuscrito:

> Le mando con todo cariño mi último adefesio para guitarra. Como soy un poquito conservador en mis gustos guitarrísticos (lo cual es sinónimo de cursilería), le puse "Rococó"... y, con el nombre, me curo en salud [...] Esa paginita, o mejor dicho, una paginita sencilla, escrita para él y dedicada, me viene pidiendo hace más de un año el gran constructor Aguado, de la firma Aguado y Hernández... al fin me salió esa cosita como él quería, sin grandes dificultades, etc.

Apunte tiene más bien corte pedagógico, con la melodía entre índice y pulgar y en octavas, con notas repetidas pulsadas entre medio y anular. Decía –según Igarza– que estaba destinada a las generaciones futuras. En un inicio había pensado dedicársela a Alirio Díaz, pero luego desistió. En realidad, pareciera no haberla concluido. Iznaola la considera "una obra no del todo cuajada, pero con elementos muy atractivos".

Durante el tiempo que acompañó a Sadel, como ya se dijo, Pérez Díaz se sintió motivado a componer y arreglar obras para el dúo. Aunque es evidente que la primera iniciativa, y muchos de los bocetos y primeras versiones de este catálogo, surgieran al momento del dúo con su esposa, y por tanto entre 1944 y 1946.

La *Serenata*, luego de la versión de los Cantores del Trópico, ha sido arreglada por diversos autores. El mismo compositor lo hizo para voz y guitarra; Teófilo León, para guitarra sola, con revisión del autor; y, entre otras, existe una peculiar versión de marcado contrapunto sojiano de Leopoldo Igarza, un arreglo para cinco guitarras de Ciro Adarme, y una versión para canto y piano de Antonio Lauro. Como muestra de la aceptación que mantuvo durante años, fue incluida en el repertorio del famoso disco *Dinner in Caracas*, en 1955, para la casa RCA Victor, que tuvo distribución internacional, al lado de conocidísimas piezas del repertorio tradicional venezolano, todas escogidas y arregladas para orquesta por el compositor, director de orquesta y pianista Aldemaro Romero.

La versión para canto y guitarra está escrita en fa sostenido menor, con el característico acompañamiento rítmico de la canción venezolana, estilo habanera (corchea con puntillo, semicorchea y dos corcheas), en compás de 2x4. Desde el punto de vista melódico, resaltan dos motivos: el primero, cuatro semicorcheas y una negra, en intervalos de segundas repetidas, en direcciones alternadas menos el último. El segundo, lo constituyen tres semicorcheas repetidas de la fundamental seguidas de su arpegio. La introducción de cuatro compases, con la guitarra sola, se inicia con el segundo de estos motivos, como anacrusa sobre la dominante, en una ligera variante de los cuatro compases del final de la obra, complementándola como frase, y dándole un carácter de recurrencia, que enfatiza el sentido romántico del texto. La primera parte, de dos frases iguales de ocho compases (con ligeras variantes en la armonización y en los recursos guitarrísticos del acompañamiento), comienza con el canto utilizando el primer motivo, y es una doble exposición de la temática literaria del texto (dos primeras estrofas).

La segunda parte, de iguales dimensiones, en cambio, desarrolla el segundo motivo en la melodía, en una secuencia melódica y armónica en ascenso por tonos, creando tensión mientras el texto describe la espera del inicio de la serenata como evento. La secuencia va de la mayor (el relativo) a do sostenido mayor (la tonalidad de la dominante), cada una con sus respectivas dominantes con séptimas, para regresar precipitadamente en una progresión inversa hacia la, en la última semifrase (de cuatro compases) con una variante del primer motivo, momento cuando, en el texto, la amada despierta al oír el canto del enamorado. Los últimos cuatro compases retornan a la tonalidad original, en cadencia dominante-tónica, para un *Da capo*.

Como ejemplo, la introducción y la primera frase:

Serenata

Manuel Enrique Pérez Díaz

A su breve catálogo se agregan otras tres serenatas. Con respecto a *En la negra espuma,* queda subrayado un carácter dramático en su sentido poético, alcanzando gran efectividad musical. Igarza la considera la mejor de sus obras para canto: "Tiene unos atrevimientos armónicos bastante interesantes, con un gran vuelo melódico, con cierto dramatismo, casi operático".[72] Coincide Iznaola, cuando afirma: "Es una joya de la lírica venezolana que debería ser conocida en todo el mundo. Es una canción muy audaz, fue en la que tomó riesgos y triunfó".

Está escrita en sol menor, en dos partes, en compás de 2x4 con acompañamiento rítmico de canción venezolana. Los seis compases de la introducción, con la guitarra sola, en re menor (la tonalidad de la dominante menor), preparan la tensa atmósfera que describe el texto. El carácter modulante de la armonía (por quintas descendentes), los cromatismos y las tensiones de los acordes de séptima disminuida y de novena remarcan el sentido metafórico del amor fracasado, que se centra en las dos primeras estrofas, cantadas sobre la primera parte repetida. La segunda parte comienza en sol menor, describiendo la esperanza que se transforma, según la letra, en un rechazo más profundo. A través de una modulación hacia fa menor, la obra culmina al llegar por enarmonía a fa sostenido menor (siete alteraciones de diferencia), dibujando musicalmente el alejamiento definitivo, el desprecio amoroso y la muerte, imágenes con las cuales finaliza.

En la negra espuma

(Serenata)

Manuel Enrique Pérez Díaz

17
ri - cia de mis tor - pes de - dos era ti - bia y sua - ve tu fren - te de
o - jos en rau - dal bro - ta - ra mi llan - to de rue - go me hun - dió tu mi -
21
ná - car que so - ña - ba cá - li - da pa - ra mi e - ra
ra - da cual fu - gaz re - lám - pa - go su pu - ñal de
25
1a. vez
2a. vez
ten.
nie - ve.
hie - lo.
A las fre - sas
29
dul - ces de tus la - bios ro - jos a - cer - qué mi bo - ca
simile

ten.
me em-bria-gó de a - mo - res el per-fu-me blan - do de su pul-pa tier-na
simile
— y aun-que el al-ma en - te - ra te o-fren-dé en un be - so de-rre-ti-da en mie - les
tus la - bios de fue - go tus la - bios tan ro - jos
— se que - da - ron yer - tos.
rallentando molto

La serenata pueblerina está dedicada a su hija Amalyn. Según Igarza, tiene rasgos mexicanos, que pueden estar relacionados con su corta estancia en el país azteca, no obstante, hay que considerar múltiples conexiones entre las músicas populares de ambos países. Existe una doble versión de esta obra: una escrita para guitarra sola, en 1961, y otra posterior, para canto y guitarra, de 1970. Es decir que, a diferencia de casi todas sus otras piezas, en las que hay una evidente simultaneidad en la concepción de la letra y la música –y de hecho sólo la *Serenata* tiene también doble versión–, la parte poética de la obra fue realizada *a posteriori*.

Como en las otras obras de este grupo, tiene compás de 2x4 y acompañamiento de canción venezolana, pero, en este caso, muestra mayor variedad rítmica, cambiando a 6x8 en la segunda parte. La versión para guitarra sola está escrita en Re mayor, mientras que la de canto y guitarra, en Fa mayor. En la primera de éstas, el autor utilizó una forma de registro, que imita la manera del guitarrista popular de preludiar, con la finalidad de asentar la afinación y de centrar la tonalidad para el cantante, concepto que desarrolló Lauro por primera vez, y empleó como movimiento de entrada en sus diversas suites, para piano, guitarra y otros instrumentos.

Sin embargo, en la versión posterior, la reduce a una introducción a modo improvisado, también con arpegios de ocho compases, y cuatro más que preparan el ritmo de la canción y la entrada del cantante.

Un interesante recurso guitarrístico utilizados en la versión solista es el ligado retardado, que consiste en no ejecutar la articulación de inmediato después de percutida la primera nota, creando un efecto peculiar, que remarca la emisión sonora de la cuerda desde el diapasón (mano izquierda). Un extracto de ejemplo:

Anhelos, luego de *Serenata*, ha sido su obra más difundida y grabada. Se inscribe en la larga tradición de valses venezolanos que venía del siglo XIX, reivindicados en el siglo XX en la guitarra por Antonio Lauro, quien los escribió fundamentalmente para el instrumento solista.* En sol menor y en dos partes. La frase introductoria del instrumento destaca el ritmo sincopado del valse criollo, negra con puntillo, corchea, negra:

La guitarra está tratada fundamentalmente de manera homofónica, con acordes o arpegios, presentando elementos idiomáticos y populares en la segunda parte, como los golpes sobre las cuerdas, que imitan el acento "frenado" del cuatro y el *glissando* de acordes. La armonía tonal, como corresponde a

* Excepción y único valse para guitarra y canto de Lauro fue *La que no vuelve*, que permanece inédito, y que fue arreglado para guitarra solista, y grabado, por Ricardo Iznaola.

la forma tradicional, está enriquecida con acordes de séptima disminuida, de novena e incluso aumentados.

A diferencia de sus otros trabajos, esta obra finaliza con una sección de dieciséis compases, ejecutados por la guitarra sola.

El pregón de los merengues tiene dos grandes secciones, como se insinúa en la combinación que sugiere su título. La primera es el pregón introductorio, cuya letra desarrolla el ofrecimiento a voces de los vendedores callejeros, en este caso, del merengue, dulce criollo. Es un recitativo, de aire lento y acompañado por acordes, utilizando rasgueos.

El merengue, propiamente dicho, viene a continuación haciendo referencia al baile caraqueño (con su ritmo característico de cinco notas, divididas en tres y dos, escrito en 2x4). Pérez Díaz indica "Tiempo de guasa", una vez más apelando a la cercanía de las dos formas nacionales, como ya se refirió.

Tiempo de guasa, sin prisa
lar 1. Si
quie - re bai - lar me - ren - gue sa-bro - so
só - lo ne - ce -
si - ta un par de al-par - ga - tas nue-vas, buen-mo-zo, y u - na hem-bra bo -
ni - ta que se - pa con las ca - de - ras se - guir el chas - chás
del güi - ro que al me - ren - gue da - le que da - le mar-ca el com - pás
Si
Sin
Por
Sin

La palabra amor, finalmente, fue una obra que luce inconclusa, si bien está fechada en 1972. Mientras que no se ha encontrado la partitura de su pasodoble *Torero*, pero se tiene la grabación de la obra y el arreglo para orquesta de Ulises Acosta,* cantado por Miguel E. Fuentes, hacia 1955.[73]

Anido, en una nueva carta desde Buenos Aires, el primero de febrero de 1967, le ofreció su opinión sobre los arreglos, versiones y digitaciones para guitarra, con notable y respetuosa actitud:

> Primeramente, le pido mil perdones por haber tenido que demorar –involuntariamente– el placer de complacer su pedido, con el que me honra y... empezaré por el *Preludio Nº 1* de Bach. Es un arreglo hermoso, buscado con toda inteligencia en el que consigue ese efecto armonioso de pedal, al no cortar el bajo inicial.
>
> Quiere mi opinión (yo lo titularía *"cambio de ideas"* entre colegas amigos). También se podría evitar el ligado de algunas notas, que, aunque con ello resultara mucho menos guitarrístico (al pulsar las notas, en vez del ligado igualaría en forma más uniforme la obra). Pero esto *no va como crítica, ni cosa que se le parezca*, es simplemente en el afán de encontrarle algo... pero "por otra parte" –sin ligados– quedaría... seco y duro... En fin lo felicito por su trascripción.
>
> *Serenata* de Malats.
>
> Aunque jamás oí la música de piano, la escuché alguna vez, hace tiempo; y... me asombró la diferencia con el arreglo que yo, en aquel entonces tocaba... lo mismo me ocurrió con *Berceuse* de Schumann, etc... Es indudable que su trascripción *se ajusta a la verdad del autor*... hasta en el final... siendo mucho más completa, evidentemente, de acuerdo a aquel recuerdo auditivo

* Agradecemos al historiador Víctor Márquez estos datos discográficos, obtenidos de su colección discográfica.

ya que la música ni la tengo ni puedo conseguirla por ningún lado. Muy bien digitada y hermosa en sus efectos.

Años más tarde, en otra esquela desde la misma capital argentina, el 19 de noviembre de 1975, la maestra le comentaba también su trabajo sobre *Diferencias sobre "Guárdame las vacas"*, de Luis de Narváez: "Tu arreglo del 'Guárdame las vacas', *me pareció el más lógico, en su digitación de ambas manos*, que he conocido, y todo bien analizado y tal como tú me explicas en tu amable carta. ¡Está formidable y te felicito! [...]. Esa obrita ahora, y apenas quede tranquila, *pienso estudiarla con tu arreglo* [...]".[74]

La minuciosidad con la que hacía estos trabajos se evidencia en una comunicación que, desde Caracas, el 22 de marzo de 1976, le envió a su discípulo Álvaro Álvarez, residenciado entonces en Alicante, en la cual comentaba, a propósito de esta obra:

> [...] me serví de Segovia (disco / Pujol), Sainz de la Maza (disco / versión suya - Fa mayor), de *The Guitar Review* (¿tras. de Susana Bloch? o Bloc, o Block no me acuerdo de la grafía), Martínez Oyanguren (disco), trascripción de Pujol, otra trascripción sin nombre del transcriptor, en Re menor y siempre con cadencia andaluza (?), etc. De *todo eso* armé mi remodelación.[75]

En la *Fantasía que contrahaze la harpa en la manera de Ludovico*, de Alonso Mudarra, anota "Versión de M. E. Pérez Díaz", aunque era más bien una digitación: "La hemos digitado buscando sonoridades que recuerden el tañido del arpa; por lo tanto, en los pasajes 'arpeados', se mantendrán fijas las posiciones y se dejarán ligar los sonidos cuanto sea posible".

Para Igarza, su maestro mantenía una actitud romántica en estos arreglos, heredera de Tárrega, Llobet y Anido. Exigía cualquier esfuerzo por alcanzar una meta musical, una búsqueda del sonido ideal, mantener el timbre de la frase en una misma cuerda.[76] Iznaola encuentra, más bien y en muchos casos, que "era un digitador de detalles, que muchas veces se pierden en la realización. Es decir, perfectamente diseñadas como planteamiento guitarrístico, pero que no se pueden tocar en concierto".

Con su condiscípulo, el guitarrista y docente José Rafael Cisneros, mantuvo una estrecha amistad documentada en una correspondencia frecuente y durante años, puesto que no coincidían siempre en el día de sus clases como profesores a la Escuela Superior de Música. Desde 1975, Cisneros, quien había sido telegrafista de profesión, ya retirado, se incorporó al conservatorio por recomendación del mismo Pérez Díaz.* Este siempre lo motivó a componer, y digitó y revisó algunas de las primeras versiones de sus valses (llegaría a concluir una serie de nueve obras), en particular *Loriana* y *Norah*. Además, Cisneros, quien era un gran conocedor de la guitarra, de su repertorio y de su historia, le escribió interesantes comentarios sobre algunos de sus trabajos, en particular mensajes ocasionales y sin fecha, que le dejaba en el casillero de la institución. En uno de ellos:

> Gracias por el obsequio de *tu* maravillosa versión de la *Elegía* de Massenet. Subrayo el *tú*, porque definitivamente esa versión es tuya y la embelleciste muchísimo... Recuerdo haberla visto para piano en 2x4, pero estoy de acuerdo contigo en no hacerle mucho caso a esas sutilezas académicas! [...] Con respecto a tu digitación en la *Elegía*, nada que objetar, pues siempre haces lo ¡¡CORRECTO!![77]

* Cisneros ocupó hasta 1992 la cátedra que había sido dictada por Eric Colón, compositor y guitarrista belga residenciado en Venezuela, quien sería director del conservatorio entre 1974 y 1986.

Más tarde, en otra de estas misivas que describen bien el carácter de ambos y su fresca amistad, fechada el 23 de marzo de 1977, Cisneros habla de la digitación de las *Variaciones sobre un tema de Mozart* de Fernando Sor:

> Mi admirado y querido profesor:
>
> Razón tiene el ilustre luthier español [Victoriano Aguado Rodríguez] en considerarte una eminencia, no importa que quienes vean lo que has hecho con ese tema de Mozart crean que estás *loco* de atar! Para convertir disparates en algo tan lógico y perfecto, se necesita talento y eso es lo que te sobra. Quien se ponga a estudiar eso sin leer las explicaciones que anotaste, indudablemente va a comentar "ni de broma": eso de tocar un Si en la tercera cuerda para buscar luego un Mi en la misma cuerda, en el noveno traste, teniéndolo tan cerquita en la segunda cuerda, y regresar al Si nuevamente, es como para recordarte a tus progenitores, como tú mismo dices!!
>
> Pero si primero se leen tus explicaciones y luego se inicia el estudio, dirá: "este loco es un genio"!
>
> Te felicito sinceramente, y estoy seguro de que cuando Mimita vea tu trabajo, también te va a felicitar, como lo ha hecho en otras oportunidades [...].

Como es ya evidente, Manuel Enrique Pérez Díaz demostró capacidad para articular discurso y hasta disposición poética. La totalidad de sus canciones fueron poemas escritos por él mismo. Era capaz de utilizar el verso clásico, y supo adaptarlo con competencia a su finalidad musical. Su expresión correcta, que tampoco aspiraba a definir un estilo propio, es fiel reflejo de su personalidad, incluso con aspectos que no se encuentran en el resto de su labor creativa.

La letra de *Serenata*, de los días con Cantores del Trópico, desarrolla la idea de la serenata al balcón de la amada, como ya se adelantó. Es su primer y más conocido texto poético, si bien no fue su mejor ejemplo. Con recurrencia y centrado en versos endecasílabos, se combinan versos de seis, terminados en sílaba aguda, o de siete llanas. Sus rimas son fundamentalmente asonantes. Las imágenes, en realidad, están llenas de lugares comunes y de frases hechas ("turbar la calma", "arrollo cristalino", "el sueño de tus ojos", "puñal de plata", "palomita blanca", etc.):

Mi canción de amor
viene a turbar la calma y el silencio
y mi pobre voz
alzándose en la noche, te despierta.
Debes perdonar
y comprender mi corazón tan necio,
que por arrullar
el sueño de tus ojos, te desvela.
La luna en el azul
oyendo está mi ardiente serenata,
y de la noche el tul
rasgando va con su puñal de plata,
para bañarte en luz
cuando asomada a tu balcón florido
escuches al osado
cantor enamorado
que tu sueño turbó con su gemido.
Mi canción de amor
quisiera ser arroyo cristalino
cuyo murmurar
tranquilo se desliza entre la fronda,
para no turbar
con su gemir la dulce paz del nido
donde yaces tú,
cual palomita blanca que reposa.

También vinculado a la experiencia de Cantores del Trópico, Pérez Díaz escribió la letra de una composición de Marco Tulio Maristany para el conjunto, el valse *Tu mirar*, que fue de todo el repertorio el único en el cual participaron los tres miembros, ya que Lauro hizo el arreglo para el trío. Una vez más, se muestra la pasión amorosa del poeta con versos irregulares, siguiendo la melodía sobre la cual fue concebido el texto:

La puñalada encendida
que tus ojos dan al mirar
traidora desgarró mi corazón
pero el dolor de la herida
fue más bien la dulce sensación
que debe sentir la espina
al lado de una flor.
Porque en tus ojos hay fuego,
pasión y luz, destellos
de quemar una estrella y sol,
promesas de beso,
canto, risa y flor.
Por eso es que mi amor
cual mariposa va
a consumir sus alas
y encender su llama
bajo tu mirar.

El juego poético-musical es lo más característico. El compositor aprovechó su doble vena literaria y musical para pintar situaciones cifradas en sus títulos. En este caso, una serenata que describe una serenata o la doble acepción del término "merengue", musical y culinario en *El pregón de los merengues*, para recrear esta forma, mezclándola con "ingredientes" del pregón, como ya se advirtió.

Mejores resultados estéticos alcanzó con *En la negra espuma*, básicamente en hexasílabos (con dos de siete, quizás involuntarios). Aquí utiliza una imagen casi surrealista en el primer verso, que sirve de título, y alguna efectiva sinestesia ("el perfume blando"). Interesa por la manera como describe el rechazo femenino al final de cada estrofa, luego de sublimar la admiración y la descripción de la amada. El poema, en realidad, tiene una cierta atmósfera necrológica, que confunde la pérdida sentimental con la muerte misma.

En sus composiciones *Serenata pueblerina* y *Llanto* mezcló versos pentasílabos con heptasílabos, empleando tanto rimas perfectas como imperfectas, sin regularidad. Escribió una "Décima" con versos octosílabos rimados. En *Anhelos*, por su parte, empleó versos eneasílabos, con inclusión de algunos dodecasílabos.

Si bien su temática era casi siempre amorosa, concibió unos pocos poemas de sentido místico-religioso, relacionado con la figura de Cristo. "Bendición a Judas / (Preámbulo y soneto para Judas Iscariote)" está fechado en la Semana Santa de 1977, con versos endecasílabos, en el cual incluyó diálogos y vocativos. El poema termina con encabalgamientos que dan fuerza dramática, y, desde el punto de vista literario, es su texto más atractivo y original:

INRI

La cruz central se alarga en la tablilla.
Las otras dos están decapitadas...
y, entre las tres, las sombras congeladas
cuelgan como un tapiz de pesadilla.

JUDAS

¿No hay otra cruz y un INRI para Judas?
Porque el INRI es verdad, Pilatos! –y esto:
que el verbo mismo lo fustiga: ¡presto!
y hay once voces que se tornan mudas.

Fue con un beso. (¡Nazareno!, ¿sudas?)
Jesús, temblando, no rechaza el gesto:
¿A qué vienes amigo? –"Por supuesto
que Tú lo sabes... ¡Oh, Maestro, dudas!"

Es un apóstol –uno de los doce–
El único mortal digno del goce
de darle un beso al Rey de la Judea.

Treinta monedas. La traición. La Cruz.
Después la soga. Redención. ¡La Luz
de la Resurrección! –¡Bendito sea!

Puede intuirse que el guitarrista-poeta tuviera intención de utilizar y demostrar el manejo de diversos metros en su trabajo general. En los poemas que aún se conservan y que fueron publicados en *La palabra amor* –que aprovechó el título de la obra para el conjunto, y fue editada por su esposa, en 1990– aparecen desde versos pentasílabos a alejandrinos. Muestra mayor habilidad para el ritmo que para la rima, un tanto incontrolada y con algunas internas seguramente involuntarias. Por ejemplo, en "La palabra amor" presenta cuatro cuartetas con endecasílabos rimados. En "Lissy", decasílabos, mientras que en "A Paar Lägervist" y en "Anda, amor...!", alejandrinos. De nuevo, no son muy originales sus imágenes en estos textos, ni hay atrevimiento en sus metáforas.

Sin embargo, un poema no incluido en la publicación referida, "Confeti", tiene un fuerte sello personal y hasta visos políticos. Fue escrito en 1940 en versos de diversas medidas, prevaleciendo endecasílabos:

Fui, soy y seré ateo...
porque si en realidad un Dios hubiera
que velara por todas sus criaturas,
Jesús, El Galileo
jamás en El Calvario padeciera
las trágicas y bárbaras torturas
de su crucifixión;
ni Bolívar El Grande la agonía

de Santa Marta, y campeara el lanzón
de Don Quijote El Feo!
Mussolini El Obeso
en sólida prisión estaría preso
para tranquilidad de La Etiopía
y Franco, El Español
traidor a España, al Mundo y a la Historia
en vez de alzarse con pedante gloria
de espaldas fusilado hubiera sido
en La Puerta del Sol!
El purísimo efebo:...
el del rizo en la frente de "ejemplar escogido"
y el absurdo bigote sobre el labio "perfecto",
en vez de erguirse erecto
sobre el lomo paciente de la Europa enfermiza
de su gloria postiza
hasta el vientre maldito que produjo el engendro
debiera retornar... y cuando embarazada
de nuevo, esté la madre de este genio teutón
volviéndola estampilla con un tanque de guerra
de la raza "aria pura" se salvaría la tierra
al quedar vacunada
con el virus de Hitler inyectado en embrión!
Por todas estas cosas en un Dios no creo...
por todas estas cosas yo soy ateo!

Hay que incluir también aquí las paráfrasis a los textos del *Ave María* –tanto el de Franz Schubert como el de Charles Gounod–, con las que intentaba adaptarlos al ritmo musical. En el primero, escribió: "Las palabras conservan plenamente la intención de la oración, pero se ha buscado con esta forma literaria que los acentos prosódicos coincidan con los acentos musicales". Algo similar hizo con el de Gounod, fechado en abril de 1977, en el que advirtió:

"Confetti"

Fuí, soy y seré ateo....
porque si en realidad un dios hubiera
que velara por todas sus criaturas,
Jesús El Galileo
jamás en El Calvario padeciera
las trágicas y bárbaras torturas
de Su crucifixión;
ni Bolívar El Grande la agonía
de Santa Marta, y campeara el laurón
de Don Quijote El Feo! –

Paráfrasis de la oración *Ave María* (a la manera de una letanía), para cantarse sobre la *Meditación...* al *Preludio en Do, Nº 1*, de J. S. Bach (se sigue textualmente la melodía, para violín, de Gounod). Se conserva la intención de la oración y de las letanías del rosario, lográndose que los acentos literarios coincidan y sean fieles a los acentos musicales.

Para cerrar, se encuentran sus artículos y algunas grabaciones que hizo con actitud de investigador, para lo cual tenía evidentes cualidades. De entre estos textos, que se han venido utilizando a lo largo de este ensayo, destacan: "Trío Cantores del Trópico, su historia y su repertorio" y una antología de la guitarra, de los cuales se conserva sólo la versión en casetes; así como dos artículos: "Tárrega" y "Apuntes para la Historia de la Guitarra en Venezuela (1930-1939)", publicados en revistas especializadas. Este último es su trabajo más valioso, ya que ofrece un primerísimo balance de esos años del movimiento nacional, a apenas siete años de fundada la cátedra en la Escuela de Música y Declamación de Caracas. Se puede considerar como el único antecesor que ha habido de los estudios sobre el instrumento en el país. Más allá de algunos gazapos en las fechas, comprensibles por haber sido realizado en Maracaibo, sin tener a mano las fuentes y basado solo en recuerdos. No obstante, quedaron allí planteados los aspectos fundamentales para el análisis que serían desarrollados con el pasar de los años:* la creación de la cátedra, una secuencia generacional –hasta la suya propia, la segunda–, la presencia de las figuras principales –primero, Borges y, luego, Lauro, "la promesa máxima"–, y comentarios sobre las visitas de los guitarristas internacionales más importantes, desde Antonio Giménez Manjón, a finales de siglo XIX, hasta la primera gira de Andrés Segovia, en 1937, fechas que definen el marco cronológico de este breve trabajo.

Si bien su escritura no llega a ser profesional, incluyendo con frecuencia elementos vinculados a una oralidad tampoco controlada, muy propio de su carácter, es evidente su búsqueda de la objetividad histórica, que se presenta como el resultado de su experiencia como guitarrista y testigo de excepción de lo narrado. Es relevante que haya sido él, precisamente, quien asumiera este papel, al haber sido el miembro más autorreflexivo de su generación, además del articulador del movimiento que se levanta a partir de su enseñanza.

* Es lo que hemos emprendido nosotros mismos desde 1991, reconociendo siempre a Pérez Díaz como el único precursor.

Manuel Enrique Pérez Díaz se enfermó de cáncer y aceptó su muerte como una decisión más de su vida: había llegado el momento. Lo asumió tranquilo, sin amarguras, con conciencia plena del fin. Sus hermanas y su familia lo acompañaron durante la gravedad, que duró unos quince días. Con estoicismo, guardó su guitarra y se acostó definitivamente. Su esposa comentó: "Vivió siempre solo, pero murió rodeado de sus amigos, Lauro, Cisneros, Maristany, Padrón, Igarza. Pidió morir en su casa, en su cama". Y así, falleció en Caracas, el 31 mayo de 1984. A los pocos días, murió también Marco Tulio Maristany, y menos de dos años más tarde, Antonio Lauro, los tres Cantores de la misma enfermedad.

En 1985, Carmen Amalia de Adler, al frente de la Escuela Lino Gallardo, organizó una *Misa de Réquiem "Espero la luz" (Job, 17)*, para tres y cuatro voces mixtas con órgano, compuesta para la ocasión por Francisco Rodrigo, en la Iglesia Parroquial de Chacao, que fue interpretada por un coro de ochenta voces de la misma escuela, bajo la dirección del guitarrista Rómulo Lazarde. Rodrigo ya había escrito dos trabajos con textos de Pérez Díaz: el primero, *Madrigal*

(Corpus Christi) para cuatro voces mixtas *a capella*, en 1982, y *Dos poemas de la Pasión*, cantata en dos partes para coro, solistas y orquesta, con el cual ganaría el Premio Municipal de Música en 1989. Además, le dedicó, con texto propio, *Al Cristo del Perdón*, plegaria para tres voces *a capella*, y en 1990, *Tiento y ditirambo* para guitarra.

Ya en 1981, su discípulo Leopoldo Igarza le había dedicado su *Concierto para guitarra y orquesta*, obra con la cual concluyó sus estudios como Maestro Compositor, bajo la tutela de Antonio Lauro. También Por su lado, José Rafael Cisneros, quien ya había trabajado una *Improvisación* sobre el tema de la *Serenata*, le compuso un homenaje póstumo, en 1985, *Valse triste a la memoria M. E. Pérez Díaz*, que forma parte de un tríptico del final de su vida, que completa su breve, pero significativo, catálogo de valses venezolanos para guitarra. Francisco Zapata le rindió homenaje con un movimiento de su *Suite anacrónica* para guitarra. A mediado de los años 90, Alex Rodríguez compuso en su memoria un *Trémolo apasionado*.

Con apoyo de la Orquesta Sinfónica Maracaibo y la Asociación Zuliana de Guitarra Clásica, el festival Maracaibo en Guitarras dedicó su edición de 1996 a su memoria.* Y en 1998, el Consejo Nacional para la Cultura (Conac), ente cultural del Estado venezolano, organizó bajo su nombre el Concurso Nacional de Composición para Guitarra, que hasta entonces había estado dedicado a Antonio Lauro, sin ofrecerse mayor explicación sobre el cambio. Se mantuvieron las bases y los contenidos propuestos desde 1986, que eran

* Ofrecimos una conferencia sobre su vida y obra, mientras que, entre diversos otros conciertos, se realizó uno monográfico con la obra de Pérez Díaz, interpretada por el guitarrista Julio Sánchez y el tenor Carlos Godoy.

motivar la creación para el instrumento en diversos formatos. Sin embargo, resultó ser la última edición de este esfuerzo. Los ganadores fueron Luis Alejandro Álvarez, con *Verbos* para guitarra y violín; Adrián Suárez con *Soledades*, para dos guitarras solistas y arpa; y Luis Ochoa con *Nocturno con palmeras*, para orquesta de guitarras. En fin, entre 1998 y 1999, la Fundación Vicente Emilio Sojo, actualmente desaparecida, publicó el catálogo completo para guitarra y guitarra y canto de Manuel Enrique Pérez Díaz, así como sus arreglos para el dúo con Alfredo Sadel, ambos en la *Colección de compositores venezolanos para guitarra*.

TÁRREGA (1852-1909)*

"El Asís de la guitarra" de Regino Sainz de la Maza; "fénix espiritual de la guitarra" de Emilio Pujol; "San Francisco Tárrega" de Andrés Segovia; "Don Tárrega de la Guitarra" de José Fola Igúrbide, es por derecho de su genio, de su trabajo incansable, el *maestro* indiscutible de la guitarra moderna.

Sin intención ninguna de efectuar comparaciones que pudieran tildarse de blasfemas y sí con el deseo de buscar un ejemplo casi gráfico para expresar el concepto que tenemos al respecto, queremos manifestar que si se escribiera una Biblia brillarían figuras meritísimas, piedras angulares del arte de tañer guitarras y vihuelas y grandes precursores de la música instrumental en su más amplio concepto, comenzando con los Milán y los Narváez seguidos de un desfile admirable de maestros cuyos nombres ocupan dignos puestos en la Historia de la Música y cerrando el ciclo esas glorias de nuestro instrumento que se llamaron Fernando Sor y Dionisio Aguado.

Viene luego una pausa desalentadora de más de un cuarto de siglo de silencio y de olvido. La Guitarra, como el arpa

* Aunque este ensayo se trascribe de su versión original, fue publicado en dos boletines de la revista *Biblioteca Fortea*, de Madrid, en marzo-abril y mayo-junio de 1951.

de Bécquer, está "silenciosa y cubierta de polvo" en espera de la mano de Tárrega.

Nuestro símil bíblico es ratificado con la aparición de un precursor que surge de pronto al primer plano de la fama y que asombra a España y a otras naciones europeas con sus alardes de virtuosismo incomparable: Julián Arcas. Existe también un *guitarrero* eximio en todo el significado del vocablo: Antonio de Torres; éste, buscando su propio camino y asesorado también por Julián Arcas, de quien es amigo, desecha todos los modelos de guitarras construidos hasta entonces, agranda la caja sonora, fija la longitud del tiro de las cuerdas en 65 centímetros para el modelo estándar de concierto, crea la nueva plantilla de la tapa armónica y aparece la actual guitarra *tipo Torres*, instrumento del cual se obtiene la calidad de timbre y el volumen de sonido que aceptamos hoy como característicos de la guitarra auténtica.

Ramírez, García, Esteso, Simplicio, Pascual, Santos Hernández, etc., lograrán luego maravillas de instrumentos siguiendo la ruta de Torres.

Está pues, preparado el terreno, hay una nueva guitarra, y con Francisco Tárrega aparecerá también una nueva forma de pulsarla.

Nació el gran artista en Villarreal, el domingo 21 de noviembre de 1852 a las 4 de la madrugada. Usamos tal precisión en el dato por haberlo tomado de una publicación de su fe de bautismo, único documento fidedigno; además, en la placa conmemorativa colocada en una casa que da a la Plaza de San Pascual se lee textualmente: "En esta casa nació, el 21 de noviembre de 1852, para honor y gloria de Villarreal, el eminente guitarrista Don Francisco Tárrega y Eixea". (Hay diccionarios, enciclopedias y otras publicaciones que ofrecen la fecha errada: 1854, 1853 o 29 de noviembre de 1852).

De familia muy humilde, hijo de Francisco Tárrega y de Antonia Eixea, muestra desde niño grandes aptitudes para la música. Su afición por la guitarra se despierta muy temprano escuchando a Manuel González, "el Ciego de la Marina", popular tocador que comienza a enseñarlo a los 11 años. Más adelante oye a Julián Arcas y queda deslumbrado, buscando la manera de estudiar con él. Las giras de concierto mantienen a Arcas en constante movimiento y sin domicilio estable, lo cual es un obstáculo para la aspiración de Tárrega, pero no obstante puede lograr que Arcas le dé algunas lecciones y consejos.

El conde de Parsent se da cuenta de las condiciones excepcionales de Tárrega y lo favorece generosamente, de modo que éste cuenta con un apoyo que, si bien no le duró mucho tiempo por fallecimiento sorpresivo del conde, le sirvió lo suficiente para comenzar a destacarse. Más adelante Don Antonio Cánesa, admirador de Tárrega, le facilita los medios necesarios para trasladarse a Madrid; allí se matricula en Teoría y Solfeo y Armonía, y en los concursos finales de dichas asignaturas obtiene el primer premio. Simultáneamente estudia el piano. Tárrega queda indeciso entre la guitarra y el piano; él es un romántico auténtico y resuelve el problema de una manera completamente romántica: en esa época abundaban y se estilaban los conciertos o veladas con programas mixtos y diferentes solistas, etc. Tárrega se presenta en uno de ellos en sus dos aspectos de pianista y guitarrista, obtiene mayor éxito con la guitarra y con ella se queda. Elegido el camino nada habría de desviarlo de su ruta y la fama premia sus esfuerzos: pasea triunfalmente su guitarra por todas las ciudades y provincias desde España; cruza la frontera hacia Europa Central y es aplaudido y admirado en París; se le llama de Londres y allá se traslada pero está poco tiempo y regresa a París diciendo que no se adaptaba a la "tiesura" y el clima de Inglaterra. A su vuelta a España fijó su residencia en Barcelona.

Aunque estaba superdotado y podía obtener fácilmente un buen resultado material de sus aptitudes, vivió y murió en pobreza franciscana por sentirse siempre irresistiblemente atraído hacia los ambientes íntimos de discípulos y amigos en vez de las giras triunfales y productivas. Su gran trabajo que tanto tendría que agradecerle la guitarra fue silencioso, anónimo, circunscrito entre las cuatro paredes de su estudio. Dice al respecto don Felipe Pedrell: "Pecaba por exceso de modestia y hasta pecaba por otro exceso, que, no obstante, formaba su gran mérito: por exceso de amor al arte. Que el arte le reclamaba un estudio continuado, ininterrumpido, obcecado; por el engrandecimiento del arte estudiaba sin descanso, venciendo fatigas, no como un artista que dominaba superiormente la técnica y todo lo que reclamaba el cultivo archidificilísimo de su instrumento favorito, sino como un principiante que tantea y descifra a tientas".

De esa labor habría de surgir la *Escuela de Tárrega*. Entrar en pormenores es más bien materia de especialista y de clase que de esta charla. Los conocedores, al golpe de vista, por la sola manera de tomar el instrumento, saben si el ejecutante sigue más o menos de cerca dicha escuela. Sobre ella y a grandes rasgos diremos solamente que habiendo sido Tárrega pianista, aplicó, en la medida de lo posible, la técnica pianística a la guitarra en cuanto a la manera de producir el sonido: paralelismo de las manos, martilleo de los dedos al articular sobre las cuerdas, pulsación de la mano derecha como si las cuerdas fuesen teclas y descansar apoyando en la cuerda inmediata el dedo que pulsó siempre que ello sea factible, lo cual hace que el golpe sea perpendicular a la cuerda, produciendo el efecto de martinete y dando la máxima amplitud a la vibración, educación total del anular de la mano derecha hasta hacerlo tan hábil y potente como los dedos medio e índice de esa misma mano, y perfeccionamiento del pulgar. También colocó el instrumento en la forma más segura y cómoda y exigió de la guitarra todos los recursos polifónicos y de matices que fuera capaz de encerrar en su caja sonora.

Hemos pedido y logrado una hermosa página sobre Tárrega escrita especialmente para esta ocasión. Deseábamos que la voz más autorizada diera su fallo y opinión y nos dirigimos a la tierra de la guitarra, a España, en la persona de quien desempeña el cargo de Maestro de Guitarra del Real Conservatorio de Madrid: se trata del gran guitarrista Regino Sainz de la Maza. Con su eminente colega Andrés Segovia comparte Regino los laureles que en las salas de concierto tejen coronas para la guitarra española. Desde el punto de vista didáctico el cargo que desempeña habla por sí solo. Por razones personales de amistad y afecto que nos enorgullecen, sabíamos que el Maestro Sainz de la Maza no iba a darnos unas frases acomodaticias sino una opinión definitiva que necesitábamos, pues existe una obra especializada para guitarristas, muy difundida en Latinoamérica, en la cual se niega de manera rotunda la Escuela de Tárrega.* Entre otras, como razón de mayor peso dice el autor de la obra que Tárrega no dejó ningún método estableciendo las reglas de la tal escuela, ni tampoco una serie ordenada de estudios que permitieran seguirla; esto es verdad... Pero dejar escrito un método no es

* Se refiere al *Diccionario de guitarristas* de Domingo Prat, publicado en Buenos Aires, en 1934. En la entrada de Daniel Fortea, el autor niega la existencia de la tal escuela, no obstante, haber sido él mismo discípulo de Llobet y, por tanto, ser también heredero de dicha escuela.

crear una escuela; en cambio Tárrega dejó a Miguel Llobet, Emilio Pujol, Daniel Fortea, Josefina Robledo, Pepita Roca, Rita Brandi y otros más como enseñanzas vivientes. Llobet, con esa escuela, formó en América a María Luisa Anido quien desde hace 20 años ocupa el sitio de máxima figura guitarrística de nuestro continente. Teodoro M. Hofmaster, en un artículo sobre este mismo tema de la Escuela de Tárrega dice que Cristo, Buda, Sócrates, tampoco escribieron métodos: dejaron discípulos.

Bien, Sainz de la Maza no estudió con Tárrega, ni siquiera lo conoció y era apenas un niño para la fecha de su muerte, de modo que no hay influencia de simpatías personales ni recuerdos sentimentales capaces de desvirtuar sus conceptos. Dice así Regino Sainz de la Maza:

> En este momento en que la guitarra revive sus antiguas glorias y alcanza cimas artísticas insospechadas atrayendo hacia ella, hacia su raro y atractivo paisaje, a los mejores músicos, es oportuno y justo recordar y enaltecer la figura de aquel artista excepcional que fue Francisco Tárrega.
>
> Para comprender mejor lo que a él le debe la guitarra no hay sino considerar la decadencia en que se hallaba el instrumento cuando él aparece. Cuando Tárrega llega a los veinte años hacía treinta y cinco que Sor había muerto. La guitarra, que gracias a él había conocido en toda Europa un esplendor inusitado incorporada al espíritu del clasicismo, cae de nuevo en el olvido, como cayera un siglo antes con la venida a España de Domenico Scarlatti, cuyo clavicémbalo destronó a la noble vihuela.
>
> Después de Sor, ni Aguado ni Coste –el gran guitarrista francés– logran devolver a la guitarra su perdido prestigio. Aquel "arte de tañer fantasía" de nuestros vihuelistas del XVI parecía irremisiblemente perdido hasta que Tárrega llega. Su identificación con el instrumento es tan completa que le lleva a

descubrir su más recóndita expresión, haciendo de él un agente sonoro apto para transmitir las fórmulas e inflexiones de un lenguaje más rico.

Oportunamente señaló Pedrell este aspecto de su genio. "Dio –dice– a la música destinada al instrumento de cuerpo tan tenue, pero de alma sonora tan admirablemente expresiva, una plenitud de concepción que asombra". Y añade: "El arte estimulaba el espíritu del compositor, abriendo horizontes más vastos a su inspiración: este es el motivo por el cual el desarrollo de lo clásico en las composiciones de carácter moderno adquiere en su obra cualidades que la exaltan y destacan su valor. ¿No veía Debussy en los toques de Tárrega –sigue el mismo Pedrell– efectos orquestales y consecuencias organográficas?".

Tárrega fue a la guitarra lo que Paganini al violín. El desarrollo y sentido de su técnica respondía –como en Paganini– a una necesidad de ampliar sus registros, para infiltrar el nuevo espíritu de la música romántica. Esto requería un cambio total de concepto, una distinta manera de enfrentarse, de ahondar en la guitarra y arrancarle los secretos en ella yacentes. Sus principios eran consecuencia de esta distinta actitud estética. Un nuevo verbo se revela gracias a su genio. Al principio fue necesario recurrir a las trascripciones. El afán de incorporar los clásicos y los románticos a la guitarra, abrió el camino hacia más altas y conscientes realizaciones.

El ingenio de que Tárrega se valía para encerrar en las seis cuerdas el espíritu de esa música, fue lo que reveló las posibilidades de este instrumento y decidió su porvenir. Ello exigía un mayor rendimiento a los dedos, una mayor complejidad, desconocida hasta él, que hacía preciso sentar este arte sobre bases más firmes y seguras, dotarle de una técnica sólida y establecer de manera definitiva sus fundamentos lógicos, desde la manera de colocar las manos y de producir el sonido, hasta el análisis de todos los elementos técnicos que él fue estudiando en un largo proceso de depuración, en el que puso lo mejor de su espíritu y al que se entregó con fervoroso amor.

Tárrega fue el Asís de la guitarra. Hay algo de mística unción en esa entrega desinteresada, en ese coloquio callado con el instrumento, al que él infunde nueva y prodigiosa alma.

Tárrega echó la simiente y prodigó las enseñanzas. Gracias a las cuales, a la verdad que en ellas alienta y a su poder germinativo, su obra, dispersa y expandida con generosidad, se ve hoy coronada por este renacimiento de la guitarra, del que él ha sido el forjador genial.

Tárrega fue un artista romántico, idealista, sincero; y un hombre sencillo, humilde hasta la exageración y cándido como un niño. Su música lo retrata fielmente: melódica y sentida, romántica y sencilla, humilde a veces hasta la ingenuidad, pero siempre de gusto exquisito y de melodías finas y espontáneas, correctamente armonizadas.

Como ejecutante fue incomparable y esas mismas obras, desde el punto de vista instrumental para la guitarra, son verdaderos modelos, algunas: "obras maestras".

Alguien preguntó a don Manuel de Falla sobre la guitarra como instrumento de categoría: contestó el gran músico que para darse cuenta de toda la belleza y emotividad que era capaz de encerrarse en una guitarra bastaba con citar un solo ejemplo: los *Recuerdos de La Alhambra*, de Tárrega.

El 15 de diciembre de 1909 el dolor por la partida irrevocable del Maestro puso un nuevo matiz de sentimiento en el cofre sonoro de la guitarra... y la noble vihuela, allá en el libro de la Historia, templó de nuevo sus empolvadas cuerdas para recibir a Don Francisco que entraba en la inmortalidad.

Caracas, 15 de diciembre de 1950

APUNTES PARA LA HISTORIA DE LA GUITARRA EN VENEZUELA (1930-1939)

La guitarra se ha impuesto de tal modo entre nosotros que bien vale la pena hacer una pequeña entrada por los campos de su historia en nuestro medio. Venida a América de España, de donde es el instrumento folklórico por excelencia, encontró en la Argentina tal acogida que se convirtió en el instrumento nacional, siendo Buenos Aires el primer sitio donde entró a formar parte de aquellos que se estudian en el Conservatorio.

En España, a principios del actual decenio, pasó también a esa categoría con el gran guitarrista Regino Sainz de la Maza como profesor. La Revolución Española impidió la continuación de dicha cátedra, la cual podría ya estar dando sus frutos de no encontrar ese inconveniente infranqueable.*

Venezuela es quizás la segunda nación americana donde empezó la "redención" del bellísimo instrumento al ser incorporado a la Escuela de Música.†

* En realidad, la cátedra de Madrid se fundó en 1935, pero se hizo efectiva sólo al finalizar la Guerra Civil Española (que no la "Revolución Española"), en 1939, como ahí se señala, por lo que se refiere a un hecho estrictamente coetáneo a la escritura de este artículo.

† Estos datos no son del todo exactos, pues la cátedra de Caracas fue anterior a la argentina, y seguramente haya sido la primera en

Antes de dedicarnos a este punto, objeto de estas notas, es de justicia hacer constar que existieron aficionados que por su propia cuenta le dedicaron largos años de estudio y atención. Tres nombres se destacan en primer plano: Raúl Borges, Manuel Leoncio Porras y Teófilo R. León.

Manuel Leoncio Porras, compañero de juventud y de aficiones de Raúl, es como si dijéramos el "fanático" más exaltado de la guitarra. Verdadero alentador de los discípulos, entusiasta admirador de los concertistas, es una propaganda viviente del instrumento y sus cultivadores. Una dolencia tenaz en una de sus manos no ha sido obstáculo suficiente para que *Porritas* se eche atrás en el camino de la vocación de toda su vida. Él se merece todo el cariño que le profesamos los que conocemos su constancia y sus desvelos.

Teófilo León: humilde, escondido y por propia voluntad, también dedicó sus mejores años a la guitarra. Han sido muchas las clases particulares que ha dado Teófilo y muchos fueron los que oyéndole tocar vieron que ese instrumento está destinado a algo mucho más noble que el acompañamiento de serenatas destempladas y olorosas a alcohol. Nombrado director de la Banda Principal del estado Miranda, ha abandonado un poco su compañera de antaño.

Raúl Borges, actual y único profesor de guitarra en nuestra Escuela de Música (Caracas) merece mención especial. Como Porras y como León, estudió por su cuenta; como ellos, por métodos anticuados y de escuelas atrasadas; al igual que ellos adelantó mucho, pero con grandes defectos de técnica (culpa de los métodos y de la falta de maestros). Surge la Escuela

Latinoamérica, al lado de la de Ciudad de México. Sin embargo, tanto en las dos ciudades del Río de la Plata como en España (en particular, en Barcelona), se enseñaba la guitarra de concierto desde hacía al menos un siglo.

de Tárrega en España y con ella la guitarra adelanta de una sola vez hasta la suma perfección a que le es dable llegar. Raúl Borges va a Europa: la oye y ve tocar como debe ser, comprende y nota sus propios defectos que por demasiado arraigados ya no podrá enmendar, y comienza a enseñarla conociendo muy bien, por propia experiencia, lo que puede perjudicar al discípulo. ¡Ese es precisamente uno de sus grandes méritos! En 1931 Raúl Borges es amigo inseparable de *Mangoré*; de él aprende mucho y va enseñando lo que sabe en clases particulares, hasta que en 1933 entra la guitarra a la Escuela de Música y con justicia se le nombra profesor de ese instrumento.*

Además de las tres personas que he citado hay otras que también lo merecen. La diferencia está en que Borges, Porras y León han sido sobre todo *guitarristas* y esas otras personas se han dedicado a la Música en un sentido más amplio. Sin embargo, para honra del vilipendiado instrumento citaré dos apellidos que ocupan primer plano en nuestro ambiente artístico: *Sojo* y *Calcaño*.†

Entra pues, a principios del año treinta y tres la guitarra a la Escuela de Música, "provisionalmente", casi disfrazada con el título de Clase de Arpa y dividida en dos secciones: una de *Alta Guitarra* con Raúl Borges de maestro y la otra de *Guitarra Popular* a cargo de la señorita Soledad Espinal. Con una cantidad muy halagüeña de inscriptos se da comienzo a las clases y poco a poco se llega a los primeros exámenes... Nadie imaginó que en diez meses podría hacerse lo que se

* La fecha exacta de la primera visita de Barrios Mangoré y de la creación de la cátedra es 1932.

† Aunque no especifica a quién de los numerosos músicos de la familia Calcaño se refiere, pudo ser Eduardo o, quizás más probablemente, su hijo Miguel Ángel Calcaño.

hizo y constituyeron un verdadero triunfo para Raúl Borges. Dichos exámenes fueron en realidad la afirmación de la cátedra de guitarra en nuestra primera Escuela de Arte.

En cuanto a los del curso guiado por la señorita Espinal, merecieron el calificativo de frívolos y lucieron fuera de sitio, quedando designado el Colegio Chaves como asiento definitivo de ese curso.

Hace seis años se trabaja incansablemente en uno de los saloncitos más humildes de la Escuela de Música de Caracas en pro del ennoblecimiento de la guitarra... Por él han desfilado infinidad de discípulos; la mayoría ha abandonado los estudios casi al comenzarlos, pero esto no es fracaso... ¡La cátedra cumple su misión! Los que se van llevan sembrada, aunque sea superficialmente, una semilla de cultura... se les ha "despertado" el interés por algo que vale la pena... Esos mismos individuos, al ver el anuncio de un concierto de guitarra sentirán el deseo de asistir; quizás antes ni lo hubieran tomado en cuenta. Yo mismo he visto en conciertos muchos de aquellos a quienes me refiero y tengo el absoluto convencimiento de que lo único que los ha impulsado a ellos es el recuerdo de haber pasado fugazmente por el humilde saloncito de guitarra... Ya esto es algo.

En la actualidad hay un grupo de discípulos que promete mucho: recuerdo especialmente a [Simón] Monascal, [Fredy] Reyna, [Raúl] Angeli, León hijo, la señorita Flaminia Montenegro...* Los recuerdo como a los más antiguos y constantes, que en el nuevo lote de inscriptos hay otros que se perfilan como buenos. Las señoritas Froila Niño y Josefina Marimón

* Monascal y Angeli no se desarrollaron como guitarristas, mientras que Luis León, hijo de Teófilo León, se destacó en el ámbito de la música popular como requintista, pero falleció muy joven. Todos aparecen con notas distinguidas en las actas de examen de los años treinta.

(la primera recibiendo clases particulares y la segunda en la Escuela) fueron verdaderas promesas y tengo las esperanzas de que no hayan echado en olvido el instrumento que en sus manos encontró verdadera disposición.

Figura en primera línea el más aventajado de nuestros guitarristas jóvenes. De una facilidad de ejecución admirable, de gran intuición musical, con estudios bastante avanzados y necesitando, tan sólo algo más de constancia y madurez, Antonio Lauro es la promesa máxima. Quizás nosotros mismos no hemos sabido apreciarlo en todo lo que vale y promete. Creo en Lauro ya casi como una realidad y si por algún motivo no llegare a figurar como guitarrista de *Tournée*, comprendo que la silla de profesor de la cátedra de guitarra no quedará vacante o mal representada mientras Lauro pueda desempeñarla cuando llegue esa ocasión.

Estas promesas y estas esperanzas son la obra constante y tenaz de Raúl Borges, cuyo nombre quedará siempre bien guardado en la memoria de todos los que hemos tenido el honor de llamarnos sus discípulos. Él se merece más que nadie, el cariñoso y respetable título de *Maestro*.

Antes de finalizar quiero hacer el recuento de los guitarristas de fama que nos han visitado en cortos años, lo cual probará que nuestra tierra empieza a ser tomada en cuenta.

En 1931 llega Agustín Barrios (Mangoré), obteniendo un éxito fantástico. Éxito de taquilla, artístico y de *reclame*.*

Parece ser que el único guitarrista verdadero que nos había visitado fue *Manjón*,† pero en un tiempo tan remoto, que la actual generación no conoció. De allí el éxito tan marcado

* Como ya se señaló, la primera gira de Barrios Mangoré por Venezuela fue entre febrero y marzo de 1932.

† Se refiere a Antonio Giménez Manjón, quien llegó al país en 1894.

de Mangoré: fue recibido como la revelación de algo que no se conocía... algo raro que había que ver y aplaudir por su novedad. Indudablemente que el gran paraguayo tiene reales méritos, pero en su primera visita pecamos de exagerados. La propaganda que se le hizo, a base de plumas y guayucos, leones embelesados y otras tantas incongruencias nos parece ahora ridícula y traída por los cabellos con el exclusivo objeto de provocar sensacionalismo. En la propaganda de un verdadero artista, destinado a producir las más puras emociones estéticas, toda esta falta de seriedad es un delito de leso arte. Se necesita seriedad en todo, comenzando por el programa.

1934. *Regino Sainz de la Maza*, verdadero exponente de su arte, con una historia de triunfos merecidos, repertorio severo, escogido y selecto... Se le tachó de seco e inexpresivo, pero se reconocieron sus méritos de admirable ejecutante.

1935. *Julio Martínez Oyanguren*, uruguayo, buen guitarrista; da varios conciertos con mediano éxito.

1936. Segunda visita de *Mangoré*: el éxito de la primera no se repite (?) [sic]. Ofrece uno o dos conciertos con escaso auditorio.

En el mismo año torna Regino Sainz de la Maza: ya más preparado el público, se le comprende mejor. Por iniciativa del Ministerio de Educación Nacional dicta dos conferencia-conciertos en el auditorio de la Escuela de Música y obtiene un triunfo muy merecido. Durante esta nueva visita del gran Regino, el Maestro Juan B. Plaza (de nuestros mejores compositores) escribe una *Sonatina para guitarra* y aquél se lleva esta página para incorporarla a su repertorio.

1937. Cierra este ciclo con broche de oro el más notable guitarrista del mundo, *Andrés Segovia*: está entre nosotros apenas cuarenta y ocho horas ofreciendo dos únicos conciertos, pero con anterioridad su fama ya andaba de boca en boca, se conocía la guitarra, y nuestro primer Coliseo se llenó de un público ansioso de oírlo. El éxito fue sin precedentes, que no se debió a propagandas rebuscadas!

El triunfo de Segovia fue noble y puro y el público rindió su homenaje de admiración a un genial artista y a un bellísimo instrumento.

Maracaibo, noviembre de 1939.

Guitarra*

Guasa/ 12.1948/ Ministerio de Educación Nacional, 1952.

Homenaje/ "Valse venezolano"/ Caracas, abril de 1961 (revisión 1975)/ "a Rodrigo Riera".

Bordoneo/ Caracas, mayo de 1961.

Serenata pueblerina/ Caracas, mayo de 1961/ "A mi querida hija Amalyn"/ versión para guitarra sola.

Rococó/ Caracas, enero de 1966/ "Al maravilloso artífice de la guitarra, mi querido amigo Victoriano Aguado Rodríguez".

Apunte/ s.f. (c. 1966).

Guitarra y voz

[Textos de M.E.P.D.]

Serenata/ s.f. (1940)/ original para tres guitarras y canto.

Llanto/ "Serenata"/ febrero de 1952.

Toreros/ "Pasodoble"/ febrero de 1952.

Serenata pueblerina/ "Versión para canto con guitarra", abril de 1970/ "a mi querida hija Amalyn".

* La información entrecomillada de todo el catálogo procede, literal, de los manuscritos del compositor.

La palabra amor/ abril de 1972.
Anhelos/ "Valse venezolano"/ s.f.
En la negra espuma/ "Serenata"/ s.f.
El pregón de los merengues/ "Merengue"/ s.f.

Algunos arreglos, versiones y digitaciones para guitarra

Minueto/ "De la *Fantasía Op. 78*"/ F. Schubert/ "Subdividido y digitado para 2 guitarras por Manuel E. Pérez Díaz, según el arreglo de Francisco Tárrega"/ febrero de 1960.

Minué/ W. A. Mozart/ de "Don Juan"/ "Adaptación para guitarra"/ segunda versión, 1975.

Rondó/ Fernando Ferandiere/ "Distribución de valores y digitación de M.E.P.D."/ 1975.

Leonesa (Canción popular)/ Miguel Llobet/ "Digitación 'personal' de Manuel Enrique Pérez Díaz"/ marzo, 1976.

Diferencias sobre "Guárdame las vacas"/ Luis de Narváez/ s.f.

Elegía/ Jules Massenet/ "Reestructurada libremente y digitada para guitarra por M.E.P.D."/ s.f.

Fantasía que contrahaze la harpa en la manera de Ludovico/ Alonso de Mudarra/ "Versión de M.E.P.D."/ s.f.

Granada/ Isaac Albéniz/ "Versión para guitarra de M.E.P.D."/ s.f.

La Serenísima (Alemana)/ Gaspar Sanz/ "Versión para guitarra de G. Tarragó". "Digitada por Pérez Díaz a petición de la profesora Flaminia Montenegro de De Sola"./ s.f.

Preludio Nº 1/ J. S. Bach/ s.f.

Serenata española/ Joaquín Malats/ "Versión para guitarra M.E.P.D."/ s.f.

Suite en re menor/ Roberto de Visée/ "Versión para guitarra de M.E.P.D."/ s.f.

Arreglos y versiones para guitarra y voz

Deseo/ Eduardo Serrano/ canción/ "Versión de Manuel E. Pérez Díaz, adaptada libremente a una guitarra acompañante" (repertorio Sadel-Pérez Díaz)/ agosto de 1951.

La Mónica Pérez/ autor anónimo/ joropo/ arreglo M.E.P.D. (repertorio Sadel-Pérez Díaz)/ 1 de septiembre de 1951.

Endrina/ Napoleón Lucena/ canción/ arreglo M.E.P.D./ Repertorio Sadel-Pérez Díaz/ para tenor y guitarra/ s.f.

Esta noche serena/ "Tomada del cuaderno de canturías venezolanas armonizadas por el Maestro V. E. Sojo"/ "Adaptada libremente a la guitarra por M.E.P.D." (repertorio Sadel-Pérez Díaz)/ s.f.

Manos implorantes/ Luis Alfonzo Larrain (letra: Luis Eladio Guevara)/ valse/ "Versión de Manuel E. Pérez Díaz, para voz y guitarra" (repertorio Sadel-Pérez Díaz)/ Octubre de 1951.

Voraz/ "Serenata venezolana de autor anónimo"/ "Tomada del cuaderno de canturías venezolanas armonizadas por el Maestro V. E. Sojo y adaptada 'libremente' a la guitarra por Manuel E. Pérez Díaz"/ s.f.

Yo no tengo la culpa/ Alfredo Sadel/ "Versión de Pérez Díaz"/ s.f.

Algunos arreglos de su obra

Serenata/ arreglo para canto y piano de Antonio Lauro/ s.f.

Serenata/ "Versión personal y digitación de Pérez Díaz basadas en el arreglo, para guitarra solista, de Teófilo R. León"/ s.f.

Serenata/ "Arreglo para dos voces iguales con piano de Eduardo Plaza"/ abril de 1965.
Serenata pueblerina/ arreglo para voz y piano de Teófilo León/ s.f.
Serenata/ arreglo para guitarra sola de Leopoldo Igarza/ c. 1980

Algunas obras dedicadas

Antonio Lauro. *Petronila*/ "Estudio en forma de valse criollo"/ 1936/ "A Manuel Enrique Pérez Díaz"/ para guitarra/ Musical New Service Limited, Inglaterra, 1982.
_____. *Pavana al estilo de los vihuelistas*/ 1947/ "A Manuel Enrique Pérez Díaz"/ para guitarra/ Ministerio de Educación Nacional, Venezuela: 1952 y Zanibon, Italia: 1980.
Leopoldo Igarza. *Concierto para guitarra y orquesta*/ "A Manuel Enrique Pérez Díaz"/ junio de 1981.
_____. *Recordando al maestro*/ guitarra/ s.f.
José Rafael Cisneros. *Valse*/ "A la memoria de M. E. Pérez Díaz"/ "Valse triste"/ guitarra/ 1° de enero de 1985/ *Nueve valses venezolanos*. Colección de Compositores Venezolanos para Guitarra. Caracas: Fundación Vicente Emilio Sojo, 1998. Vol. II.
_____. *Improvisación*/ "Homenaje a M. E. Pérez Díaz, sobre temas de *Serenata*"/ guitarra/ s.f.
Francisco Zapata. Segundo movimiento de la *Suite Anacrónica*/ guitarra/ 1989.
Francisco Rodrigo. *Tiento y ditirambo a la memoria de Manuel Enrique Pérez Díaz*/ guitarra/ 1991.
_____. *Al Cristo del perdón*/ "Al amigo M. E. Pérez Díaz"/ tres voces masculinas *a capella*/ s.f.
Alex Rodríguez. *Trémolo apasionado*/ "A mi admirado maestro Manuel E. Pérez Díaz, *in memoriam*"/ guitarra/ 2015.

Manuel Enrique Pérez Díaz
"Apuntes para la historia de la guitarra en Venezuela (1930-1939)". Publicado primero en la revista *Maracaibo Gráfico*, noviembre de 1939. Luego, *Revista de la Guitarra* 16. Buenos Aires (1947): 1-3.
"Alfredo Sadel: Cantor Venezolano". *Últimas Noticias*. Caracas, 22.8.1957.
"Antología de la guitarra" (con comentarios). Caracas, 1975. Grabación inédita.
"Tárrega (1852-1909)". *Biblioteca Fortea*. Madrid, 1951.
"Trío Cantores del Trópico, su historia y su repertorio". Caracas, 2.1.1976. Grabación inédita.
La palabra amor. Antología musical y poética. Prólogo de Amalia Pérez Díaz. Carúpano: Ministerio de Educación, Instituto Universitario Tecnológico de Carúpano, 1990.

Generales*
Aponte, Juan. "La vida de los Cantores del Trópico contada por ellos mismos". *Radio El Gráfico*. Caracas: febrero de 1942.

* Se incluye aquí el material hemerográfico más importante. El resto, información ocasional, se cita a pie de página a lo largo del ensayo.

Bendahan, Daniel. *Hispanoamérica en la música del siglo XX*. Caracas: Monte Ávila, 1997.

Bruzual, Alejandro. *La guitarra en Venezuela. Desde sus orígenes hasta nuestros días*. Caracas: Banco Central de Venezuela, 2013.

_____. *Antonio Lauro; Un músico total*. 3ª ed., Mérida: La Castalia, 2021.

_____. *Raúl Borges: Maestro de maestros de la guitarra venezolana*. Ensayo biográfico. 2ª ed., Mérida: La Castalia, 2021.

_____. *Rodrigo Riera: La parábola de la tierra*. 2ª ed. Mérida: La Castalia, 2022.

_____. *Alirio Díaz: Guitarra de tierra profunda*. 3ª ed. Mérida: La Castalia, 2022.

_____. *Visitantes de la guitarra*: *Concertistas extranjeros en Venezuela 1894-1994*. 2ª ed. Mérida: La Castalia, 2023.

Calcaño, José Antonio. *La ciudad y su música*. Caracas: Conservatorio Teresa Carreño, 1958.

Díaz, Alirio. *Música en la vida y lucha del pueblo venezolano*. Caracas: Presidencia de la República, 1980.

Igarza, Leopoldo. *La guitarra en Venezuela*. Entrevista realizada a Manuel Enrique Pérez Díaz. Caracas. Grabación.

León, Terry J. "Hablando con los Cantores del Trópico", 5.1.1942, s.fte.

Lira Espejo, E. "Guitarra y voz". *El Nacional*. Caracas: 15.1.1971.

Milanca Guzmán, Mario. *La música en el tiempo histórico de Cipriano Castro*. Caracas: Biblioteca de Autores y Temas Tachirenses: 1995.

Peña, Israel. "Fin de año y premios". *El Nacional*, Caracas: s.f. (c. julio de 1948).

Porras, Manuel Leoncio. "Música, músicos y artistas". Caracas: c. junio 1942, s.fte.

Prat, Domingo. *Diccionario de guitarristas*. Buenos Aires: Casa Romero y Fernández, 1934.

Ramón y Rivera, Luis Felipe. *La música popular de Venezuela.* Caracas: Ernesto Armitano editor, 1976.

_____. *La música folklórica de Venezuela.* 3ª ed. Caracas: Monte Ávila, 1990.

Ratto Ciarlo, José. "Comentarios a tiempo. Trío Clásico de Guitarras", 18.11.1942, s.fte.

Rodríguez, Aldo. *María Luisa Anido, Una vida a contramano.* La Habana: Letras Cubanas, 1992.

Stover, Richard D. *Six silver Moonbeams. "The Life and Time of Agustín Barrios Mangoré".* California, USA: Querico Publications, 1992.

Archivos

Escuela Superior de Música José Ángel Lamas.

Sucesión Manuel Enrique Pérez Díaz. Caracas.

Sucesión Antonio Lauro. Caracas.

Hemerografía sobre los Cantores del Trópico

El Heraldo, *Fantoches*, *Élite* y *El Universal* (Caracas).

Panorama, *La Tarde*, *Maracaibo Gráfico*, *Excélsior* (Maracaibo).

El Impulso (Barquisimeto).

Vanguardia (San Cristóbal).

El Tiempo (Bogotá).

El Diario (Medellín).

Diario del Pacífico (Cali).

El Debate, *El Telégrafo*, *El Comercio* (Ecuador).

El Comercio, *La Prensa* (Lima).

Noticias, *El Deber* (Arequipa).

El Mercurio (Antofagasta).

El Mercurio, *La Opinión* (Valparaíso).

Ercilla, *La Segunda*, *El Mercurio*, *Últimas Noticias* (Santiago).

Testimonios

Adarme, Ciro. Maracaibo, 7.6.1996.

Adler, Carmen Amalia de. Caracas, 26.6.1995.

Álvarez, Álvaro. Caracas, 26.6.1995.

Díaz, Alirio. Caracas, 15.8.1992, y diversas entrevistas en fechas posteriores en ciudades diversas del país.

Guanipa, Ángel. Caracas, 16.8.1999.

Igarza, Leopoldo. Caracas, 24.6.1995.

Iznaola, Ricardo. Caracas, 6.8.1996.

Padrón, Juan. Caracas, octubre 1991 y diversas entrevistas en 1995.

Pérez Díaz, Amalia de. Caracas, 12.4.1991 y diversas entrevistas en 1995.

Pérez Díaz, José Antonio, Isabel Teresa y Alicia. Caracas, 25.6.1995.

Pérez Díaz, Clotilde de. Caracas, 25.6.1995.

Pérez Pereda, Raúl. Caracas, 7.12.1993.

Pizani, Rafael. Caracas, 27.6.1995.

Planchart, Harry. Caracas, 21.4.1998.

Rodríguez, Alex. Caracas, 23.7.1996.

Riera, Rodrigo. Caracas, 28.8.1992.

Sánchez Gamboa, Rafael. Caracas, 24.3.1996.

Serrano, Eduardo. Caracas, 18.4.1991, y diversas entrevistas en 1994 y 1995.

Vásquez, Alejandro. Caracas, 29.5.1996.

Zapata, Francisco. Caracas, 29.5.1996.

NOTAS BIBLIOHEMEROGRÁFICAS

1 "Sobre la *Maricela* de Sebastián Díaz Peña", en Díaz, 46.

2 *Ibidem*, 50.

3 En Aponte.

4 Amalia Pérez Díaz, testimonio grabado.

5 En Aponte.

6 Iznaola, testimonio grabado.

7 Pizani, testimonio grabado.

8 En Aponte.

9 Pizani, testimonio grabado.

10 Véase el anexo.

11 Caracas, 5.7.1977, énfasis en el original. A partir de aquí, todos lo destacado en las citas propuestas corresponden a sus autores, si no se indica lo contrario. Se han regularizado en cursivas, pues aparecen también subrayadas o en negritas.

12 En Igarza, "Entrevista a Manuel Enrique Pérez Díaz".

13 José Antonio Pérez Díaz, testimonio grabado.

14 "Hora argentina", junto con Iris Lago, Gregorio Ayala y Ovelio Riera, de 8:00 a 9:00 de la noche. *Panorama*, Maracaibo, 5.8.1937.

15 Pérez Díaz, M. E., 1976.

16 Serrano, testimonio grabado.

17 Pérez Díaz, M. E., 1976.

18 *Ibidem*.

19 Serrano, testimonio grabado.

20 Adarme, testimonio grabado.

21 "Antonio Lauro, 60 años de una vida musical total". En Díaz, 158-159.

22 *Panorama*, Maracaibo, 11.4.1939. Firma "Don Q".
23 *Panorama*, Maracaibo, 3.10.1938.
24 Archivo Sucesión Antonio Lauro.
25 "Un trío de ases". *Boletín de Radio Caracas.* Caracas, 1.9.1942.
26 *El Tiempo*. Caracas, 14.11.1942.
27 *El Heraldo*. Caracas, 16.11.1942.
28 León.
29 Citada en artículo de R. A. Fernández Muro, del 18.10.1945. Sin fuente.
30 *Ercilla*, Santiago de Chile, 13.3.1945.
31 Buenos Aires, 14.2.1947.
32 Buenos Aires, 10.11.1966.
33 *El Nacional.* Caracas: marzo de 1947.
34 Para la señorita María Luisa Anido. Caracas, 7.3.1975.
35 *El País*, Caracas, 14.9.1947.
36 Buenos Aires, febrero de 1948.
37 Luzmela, España, 8 de septiembre de 1950.
38 Véase anexo.
39 Cisneros, testimonio grabado.
40 San Juan de Puerto Rico, 15.4.1950.
41 Véase anexo más abajo.
42 *Panorama*, Maracaibo, 24.10.1954.
43 *El País*, Caracas, 22.9.1947.
44 *La Esfera*, Caracas. 28.3.1956.
45 *Panorama*, Maracaibo, 3.1.1956.
46 *Panorama*, Maracaibo, 8.11.1956.
47 "Grano de oro y la ciudad". *Panorama*, Maracaibo, 24.5.1957.
48 *Maracaibo social*, Maracaibo, 30.4.1958.
49 José Antonio Pérez Díaz, testimonio grabado.
50 *Volumen 7*, Maracaibo, 31.10.1959.
51 En *La palabra amor*, 4.
52 Véase anexo.
53 Iznaola, testimonio grabado.
54 Planchart, testimonio grabado.
55 Igarza, testimonio grabado.
56 Iznaola, testimonio grabado.
57 *Idem*.
58 Álvarez, testimonio grabado.
59 Rodríguez, testimonio grabado.

60 Zapata, testimonio grabado.
61 *La palabra amor*, 4.
62 Madrid, diciembre de 1969.
63 Énfasis en el original.
64 Iznaola, testimonio grabado.
65 Énfasis en el original.
66 Énfasis nuestros.
67 La música popular de Venezuela, 131.
68 Ramón y Rivera, 1990: 192.
69 *Ibidem*, 193.
70 Iznaola, testimonio grabado.
71 Igarza, testimonio.
72 *Idem*.
73 Venezuela: Comercial Serfaty, 445, s.f., 78 rpm.
74 Énfasis en el original.
75 Álvarez, testimonio grabado.
76 Igarza, testimonio grabado.
77 Énfasis en el original.

IMAGENES INTERIORES

Las fotos de las páginas 36, 40, 140, 204, 214, no tienen información y se desconoce el fotógrafo.

Si no se señala otra fuente, todas las ilustraciones son de la colección y cortesía de la Sucesión Manuel E. Pérez Díaz.

CONTENIDO

Colección
Guitarras de Venezuela

Made in the USA
Las Vegas, NV
29 March 2025

20280730R00144